リーダーになる前に知っておきたかったこと

30 Things I wish I knew before becoming a Leader

小林慎和
Noritaka Kobayashi

Discover
ディスカヴァー

はじめに

Introduction

リーダーとは何者でしょうか。数人のメンバーを率いるプロジェクトのリーダー、数百人がかかわる大規模プロジェクトのトップ、スタートアップの経営者、フリーランスとして一人で生き抜いている人……そのどれもがリーダーといえるでしょう。

リーダーには志があります。成し遂げたいものがあります。たどり着きたいゴールがあります。そのために、プロジェクトを、メンバーを、クライアントを、上司や部下を、そして会社を牽引していく。それがリーダーの役目です。

リーダーが推進するプロジェクトが、世の中にないまったく新しいものであるとき、その変化を受け入れられない古いタイプの人たちが現れます。その人たちは抵抗勢力となるでしょう。新しいものは時に、いかがわしいものと捉えられるのです。

抵抗勢力は必ず現れる。それでも、成し遂げたいゴールに向かってリーダーは事業を推進する必要があります。

リーダーが目指すゴールを実現する過程で、プロジェクトに多くの人がかかわるなかで、意見の対立やモチベーションの低下、ビジョンが浸透しきれないといった人の問題がたびたび起こります。一枚岩になりきれないときもあります。それでも、リーダーはそれをまとめあげ、動かしていかなければなりません。

私は大学でコンピュータを専攻した後、経営コンサルタントとして9年ほど働いていました。その後ベンチャー企業に2年弱在籍し、起業しました。創業した会社は7社となりました。数名のプロジェクトから100名程度のプロジェクトまで、さまざまなタイプのプロジェクトのリーダーとして、スタートアップの経営者として、この17年ほど生きてきました。

メンバー間の対立、プロジェクトの遅延、当初予定したクオリティよりも低い、思ったほど売上が伸びない、赤字、メンバーの離脱、ネガティブキャンペーン、想定外のトラブル……。プロジェクトを推進するなかで、実にさまざまな問題が起きました。

これでもかと言うほど起き続けました。リーダーとして、自分は無能なのではないか。何度もそう思ったことがありました。

何がいけないのか。何をしたらいいのか。どうすれば事態は好転するのか……。悶え苦しみながら、それでもリーダーとして歩んできました。多くのメンバーや、これまで出会ってきた先輩経営者からの助言もあり、徐々にリーダーとしてどう振る舞うべきかが見えてきました。

本書は、この17年の間に私が苦しみながら、大失敗をしながら、どうにかリーダーとして乗り越えてきたなかで得た気づきをまとめたものです。リーダーになる前にこれを知っておけば、もっとプロジェクトをうまく推進できたのに。もっとクオリティの高いプロダクトを出せたのに。もっとプロジェクトをスピーディに完了できたのに。「リーダーになる前に知っておきたかったこと」。それを30編にまとめました。

人はリーダーとして一人前になってからリーダーになるのではありません。悶えながら、転びながら、それでも山頂に向かって突き進んでいく過程で、リーダーらしさが備わってくるのだと思います。私もまだまだ山の頂きに向かって走っている最中です。新たにプロジェクトチームを率いる方、すでにプロジェクトのリーダーとして事業を推進しながら多くの問題にぶち当たっている方、これから起業しようという方、リーダーを目指したいすべての方に読んでいただければと思っています。

リーダーになる前に知っておきたかったこと。本書を読んで、「ああ、もっと早くに知っておきたかった」と感じていただければ望外の喜びです。

小林慎和

2019年6月、また今日も新たな問題に遭遇しつつ

リーダーになる前に知っておきたかったこと

目次

Contents

第１章

そもそもコミュニケーションを分かっていなかった

第２章

そもそもリーダーとして問題の解決にどう向き合うべきかを分かっていなかった

第3章

そもそもチームビルディングを分かっていなかった

#3　歴史編

第４章

リーダーシップをどう磨いていくのかを分かっていなかった

第 1 章

そもそも
コミュニケーションを
分かっていなかった

リーダーになる前に
知っておきたかったこと

1

リーダーとして語った言葉のほとんどは、残念ながら翌日には忘れ去られてしまう。

コミュニケーションにおいて
まず肝に銘じておくべきは、
人はすぐに忘れるということだ。

▼昨日見た中吊り広告を覚えているだろうか？

日本の会社員の平均通勤時間は、都市部で50分、地方都市で30分くらいと言われています。その多くは電車での通勤でしょう。

みなさんも毎朝、満員電車に揺られて、来る日も来る日も通勤する日々が続いていることと思います。そのなかで多くの人は、電車の中吊り広告に目を留めているのではないでしょうか。中吊り広告には、政治の問題、海外問題、ゴシップ記事など、多種多様な見出しが並んでいます。この広告の目的は、「あ、この雑誌は面白そうだ。この本は読んでみたい」と思わせて、購入させることです。

さて、ここで質問です。

「昨日の中吊り広告の見出しで、覚えているものはありますか？」

おそらくほとんどの人は、ひとつも覚えていないと答えるのではないでしょうか。

私もそうです。人はそれほど便利にはできていません。無意識下に刷り込まれる言葉というのは、そうそうあるわけではない。平均的な人は、自分が覚えたいと思わないメッセージを覚えることはありません。

私が唯一今でも覚えているのは、日清カップヌードルの広告です。もしかしたら電車の中吊りではなく、テレビのCMだったかもしれません。これは高松聡氏によるもので、実際に国際宇宙ステーションで撮影された地球を活用したものでした。

自転している地球の上にカップヌードルが映し出される。おいしさは万国共通であるとの宣伝文句を、言葉を用いずに克明に表しているわけです。

加えて、空から見た地球には国境線などという物理的な境界はない。そんなこの青い地球において、私たちは何を奪い合っているのか。奪い合う必要があるのか。そうした問題提起を、「この星に、BORDERなんてない。」というセリフを中央にどん！と配置することで、見事に表現していたのです。

この広告を初めて見たときの衝撃は、今でも忘れません。本当に刺激的でした。

ただし、そこまで記憶に残っているのは、これが傑作だからです。これほど強烈に印象に残るものは、そうそうありません。

ビジネスの現場で考えてみましょう。いま私たちは日々の業務のなかで、電子メールを送り、パワーポイントやワードなどで資料を作成しています。

上司への最終報告ともなると、パワーポイントで100ページを超える大作をつくる方も少なくないでしょう。その資料をつくるために、自らが考えてきたことを文章やグラフや表にまとめて、あらゆることを書き連ねます。ここで同じ質問があります。あなたのチームメンバー(または上司)に聞いてみてください。

「プレゼンの翌日、あなたの資料のなかで覚えている言葉は何個ありますか?」

おそらくゼロに近いでしょう。メンバーは、報告の結論や、指示されたことについては覚えていると思います。しかし、その資料に書かれた言葉そのものを覚えているかというと、まず覚えていないでしょう。

仮にその報告書が100ページのパワーポイント資料で、1ページにつき100文字が書き込まれ、2ページに1ページの割合でグラフがあったとします。

そうすると、その報告を受けるメンバーは、1万文字と50点のグラフを目にし、それに加えて、あなたが口頭で話すプレゼンの内容を耳にすることになります。

仮に報告の時間が1時間だとすると、「1時間の間に、1万文字と50点のグラフと人の話の3つをすべて理解しろ」となる。これではまるで何かの拷問です。

リーダーに求められること。それは、日々コミュニケーションをとることです。コミュニケーションの相手は、チームメンバーの場合もあれば、事業を推進させていくために役員と話す場合もあるでしょう。または、あなたが経営者なら、全社員を相手にコミュニケーションをとる場面もあると思います。

その際、自分が伝えようとした言葉は、驚くほど忘れ去られてしまうものです。あなたが話した内容の大枠は記憶されても、プレゼン資料にまとめた具体的な情報や、話したメッセージの一言一句を覚えている人はほとんどいません。

リーダーとして語った言葉のほとんどは、残念ながら翌日には忘れ去られてしまう。そうしたことを前提として、リーダーはメンバーとコミュニケーションをとり、上司やクライアントへのプレゼンに臨む必要があるのです。

話した内容に対して準備した時間の長さは関係ありません。聞く人間にとっては、あなたの努力の量はさして重要ではありません。あなたが強調して語り、伝わったと思ったことであっても、明日には忘れ去られてしまう。相手も悪気があって忘れるわけではありません。ただ、忘れてしまうのです。

一度言って伝わらなかったからといって、相手を責めるのでもなければ、自分の能力不足を嘆くのでもなく、リーダーはただひたすら執拗に、粘り強くコミュニケーションをとり続けていくのです。

リーダーになる前に
知っておきたかったこと

2

情報過多のなか、人は自分勝手に、読みたいように資料を読む。

「人は1分間で何文字読むことができるか？」

そうしたことを意識して、自分たちが作成した資料を今一度見直してみよう。

▼話を聞く気がない相手を聞く気にさせるプレゼンとは

みなさんは誰かのプレゼンを聞く際に、こんなことをしてはいませんか？

〝片耳でプレゼンを聞きながら、手元に配られた資料をパラパラとめくる。メッセージやグラフを見て、面白そうなものはないか物色する……〟

では、逆にみなさんがプレゼンするときのことを想像してください。聞く人全員に対して、熱心に自分のプレゼンを聞き、丁寧に資料を読んでくれることを期待してはいないでしょうか？

人は受動的な立場で情報に接するとき、次の3つの姿勢になります。ほぼすべての人がこうした状態になるのです。

「自分が読みたいように読む」

「自分が知りたいところだけ読む」
「自分にとって都合のいいところだけ読む」

認知科学者のロジャー・C・シャンク曰く「観念的に言えば、人間は論理を理解するようにはできていない。人間は物語を理解するようにできているのだ」。

リーダーは、このことを肝に銘じる必要があります。

私たちは報告資料を作成する際、つい論理の正確さにばかりこだわりがちです。

データ分析による事実認識は完璧か。それに基づく分析によって得られる戦略や対策はどうあるべきか。問題は構造化されているか。その構造化され細分化された問題は元の問題のすべてを包含しているか。活用しているデータは、客観的に見て正しいものであるか。バイアスをかけずに公平な立場でも同じ結論になり得るか……

こうした作業がまったくいらないわけではありません。むしろ当然のこととして追求すべきです。ただ、プレゼンや報告資料で人を動かそうと思ったら、それがいくら優れた分析でも、いくら資料として完璧でも、それだけでは最終的な決定打にはならないことを理解しておく必要があります。

これは何も日本に限った話ではありません。どのような国、民族においても、最後に判断するのは人間の心です。報告する相手が、これまで何を考え、どのような事実に反応するのか。**プレゼンや報告で最も慎重に準備を費やすべきポイントは、伝える相手が今何を気にかけているかということです。**

強硬な反対意見を述べるかもしれない相手に対して、それを打ち負かすために用意する、完璧な論理に基づいた分厚い資料。それは、労多くして功少なしという結果になりがちです。

今、ビジネスの現場ではほぼすべての人がパソコンをベースに仕事をしています。報告資料をパワーポイントで作成するのは当たり前で、印刷もカラーで1分間に30枚、40枚と即座に出力することが可能となりました。

この20年のコンピュータ技術の発展で、より多くのことがより速く処理できるようになっています。スマホも普及し、なんでも手元で確認できるようになりました。

みなさんはムーアの法則をご存じでしょうか？　インテルの共同創業者であるゴー

ドン・ムーアが提唱したもので、集積回路におけるトランジスタの集積密度は18〜24ヶ月ごとに倍になる、つまり1年半か2年の間に処理速度が倍になるということです。コンピュータが各職場や家庭に本格普及を始めて20年で、処理速度は1000倍以上になっているのです。

しかし、処理が速くなったのは、コンピュータやスマホだけです。これに対して私たち人間の能力は、この20年でどれほど変化したでしょうか。2倍の処理速度を実現できている人は、ほんのわずかだと思います。

今、ビジネスの現場では、ほとんどすべての人が情報過多の状態にあります。日々、膨大な量の情報に翻弄されながら生きているのです。

繰り返しますが、人は「自分が読みたいように読む」「自分が知りたいところだけ読む」「自分にとって都合のいいところだけ読む」。

これはつまり、膨大な情報に対する防衛手段とも捉えることができます。

あなたが現場のリーダーとして社長や本部長にプレゼンするとしましょう。社長や本部長ともなれば、毎週のように各所から事業の進捗報告を受けます。ほとんどの報告は、パワーポイントやエクセルを活用したさまざまなグラフが並ぶ資料をもとに行われます。1週間の間に彼らの目の前を流れていく資料は、優に数百枚はくだらない。にもかかわらず、報告する側は、数十枚にも及ぶ資料がすべて理解されることを前提に、わずかな時間でそれらをプレゼンしていくわけです。そして意思決定を迫る。

相手の興味や関心を理解せずに用意された膨大な資料をもとに意思決定をするのは、たとえそれが完璧な論理に基づくものだとしても、至難の業です。

「人は1分間で何文字読むことができると思いますか?」

そう問われたら、たいていの人は、数百文字くらいと答えるのではないでしょうか。1000文字以上と答える人もいるかもしれませんが、それは少数派でしょう。

このことを踏まえて、みなさんが作成した資料の文字数を今一度数えてみてください。きっと愕然とされる方が多いはずです。

資料を作成したりプレゼンを始めたりする前に、自分の思考からいったん離れて、自らにこう問い直してみてはいかがでしょう。**「もし相手が善意を持って聞くつもりがないとした場合、それでも読んでくれるものは何であるのか」**と。

リーダーになる前に
知っておきたかったこと

3

プレゼンのゴールは、
分かりやすく説明することじゃない。
自分の思惑どおりに相手を動かすこと。

分かりやすく伝えるだけではない。
どれだけ頑張ったかを伝えることでもない。
相手の頭で、理解しやすい言葉を選ぶ必要がある。

▼どれだけ頑張ったかということばかりを伝えていないか？

プロジェクトのリーダーとして、役員報告を求められることもあるでしょう。そしてその練習をしているとき、先輩などから「もっと報告する内容を構造化して、分かりやすく説明しないと理解してもらえないぞ」といったアドバイスをもらうことがあると思います。

ただ、多くの人が誤解していることがあります。**良いプレゼンとは、決して「分かりやすく説明すること」ではないのです。**プレゼンが分かりやすい状態となっていることはもちろん大事ではありますが、それはゴールではありません。

分かりやすいプレゼンは必ず結果に結びつく。話がうまい人ほど、こうした勘違いに陥りやすいものです。構造化され、論理展開にも矛盾もなく、非常にうまく話ができたという自己満足を得やすいためだと思います。

しかし、いくら構造化されようとも、いくら論理展開に矛盾がなかろうとも、いくら分かりやすく説明されていようとも、それで人が動くとは限りません。

話がうまい人といえば、テレビのアナウンサーを例に挙げることができます。特にNHKのアナウンサーは、手元のニュース原稿をほとんど見ずに、カメラ目線で一言も詰まらず語ります。まさに分かりやすく説明している。しかし、それは分かりやすく説明されているだけに過ぎず、人を動かすことに直接的につながるわけではありません。

人は人の話を聞きたいように聞く。
人は人の話を聞きたいところだけ聞く。
人は人の話を都合のいいところだけ聞く。

あなたがどうしてもある物事を人に伝えたいとき、とるべき手段は、究極のプレゼンをすることでもなければ、究極のプレゼン資料を作ることでもありません。究極のロジックを組み立てることでもありません。究極の分析をすることでもありません。

資料は多少チープで構いません。プレゼンが多少下手であってもいいのです。あなたが伝える内容を、聞く相手はどのように考えるだろうか。どのように伝えればその人の頭のなかにすっと入っていくだろうか。その人は今、何に興味があるのだろうか。聞いてくれる相手のことを考え抜く必要があります。**プレゼンが成功するかどうかは、聞く相手のことをどれだけ理解しているかにかかっているのです。**

プレゼンを成功させるためには、聞いてくれる相手のことを理解することから始める必要があります。たとえたどたどしい言葉であれ、相手のことをよく理解したうえでプレゼンをしたのであれば、それは論理的に正しく構築された説明よりもずっと心に響くものです。

プレゼンの真の目的は、「分かりやすく説明すること」ではありません。

真の目的は次の3つです。

「聞いている相手の頭のなかで、こちらの思惑どおりの理解をさせること」
「相手に言わせたいことを言わせること」
「相手にさせたいことをさせること」

たどたどしいプレゼンでもいいのです。思惑どおりの理解をさせることができたのであれば。

たとえ1分のプレゼンでもいいのです。相手に言わせたいことを言わせることができたのであれば。相手に言わせたいこと――それはすなわち、求めていた意思決定の言葉です。求めていた次のタスクを指示する言葉です。

たとえ1枚の資料によるプレゼンでもいいのです。相手にさせたいことをさせることができたのであれば。

会議の場で互いの意見を持ち寄り、議論を戦わせることも非常に重要です。議論に議論を重ねることで、より良いアイデア、より良い方策を検討することが目的の場合はそれでもいい。

ただ、次のステップに進むために、相手に意思決定をしてもらうことを目的としたプレゼンの場合は、相手が何を考え、何に関心を持っているのか。そのことを何よりも細心の注意を払って理解する必要があります。

それは、時には会議とはまったく関係のないものであってもいいのです。たとえば、「息子の受験」が一番の関心事ということもありえます。会議の雰囲気づくりのために、そうした話題から始めることが非常に効果的になる場合もあります。

プレゼンの練習をするときも、分かりやすく説明することにただやみくもに時間を費やすのではなく、「どのような言葉を選べば、自分と相手が同じ理解を得られるのか」を考えることに努力を払うほうが、よほど意味があるのです。

リーダーになる前に
知っておきたかったこと

4

相手と自分との間にある共通認識の存在を知ることがコミュニケーションの出発点。

今、目の前にいる人との間に、どのような重なりが存在するか。
そして、重なり合っていない部分には、
どのような違いが存在するのか。
人と話をするとき、それを意識するのとしないのとでは
大きな違いが生じる。

▼コミュニケーションの出発点は2つの円で考える

人はすぐに忘れます。人は自分勝手に資料を読みます。そして、人は自分勝手に人の話を聞きます。そうしたことを前提として、リーダーは人に伝え、物事を動かしていかなければなりません。

コミュニケーションをとるうえで、あるいはプレゼンをするときに、最初に考える視点として、「2つの円で考える」というテクニックをお話ししたいと思います。

コミュニケーションやプレゼンの出発点は、相手と自分がどう違うのかというところから始める必要があります。たとえば、ツーとカーという言葉があります。これはすべてを語らずとも、理解し合える間柄という意味合いで使われます。

日本では、ほぼすべての国民が同じ教科書（同じ検定を受けたという意味合い）を利用して教育を受けます。中学までは義務教育であり、高校への進学率も極めて高い。大学も全入時代といわれています。99％の人が同じレールの上を進んでいく。

そうした確固たる社会基盤と、すべての人が日本語という特殊な言語を話す状況から、日本人同士の価値観の共通性は極めて大きくなっています。

典型的な2人の日本人の間に存在する価値観の共通性というものを、2つの円を用いて説明してみます。ひとりの人の考えや価値観を丸い円で描き、そしてもうひとりの丸い円をそこに並べると、多くの部分が重なり合う状態となります（図1）。

重なり合う部分の面積のほうが、重なり合わない部分の面積よりも大きい。つまり、暗黙の共通認識が大きくある状態。それこそが典型的な日本人同士の感覚ではないでしょうか。ゆえに、ツーカーという関係性が成り立ちやすい。また、重なり合わない部分、つまり理解していない部分が小さいからこそ、その穴埋めのためにコミュニケーションや対話がなされます。

日本人のコミュニケーションは、その重なり合わない部分を埋めようとするところから始まるのです。

ビジネスの現場でこれを考えてみましょう。たとえば、相手（プレゼンするクライアントやプロジェクトメンバー）と自分が、現在推進中のプロジェクトについてどのように考えているのかを2つの円で捉えてみてはどうでしょう。

図1

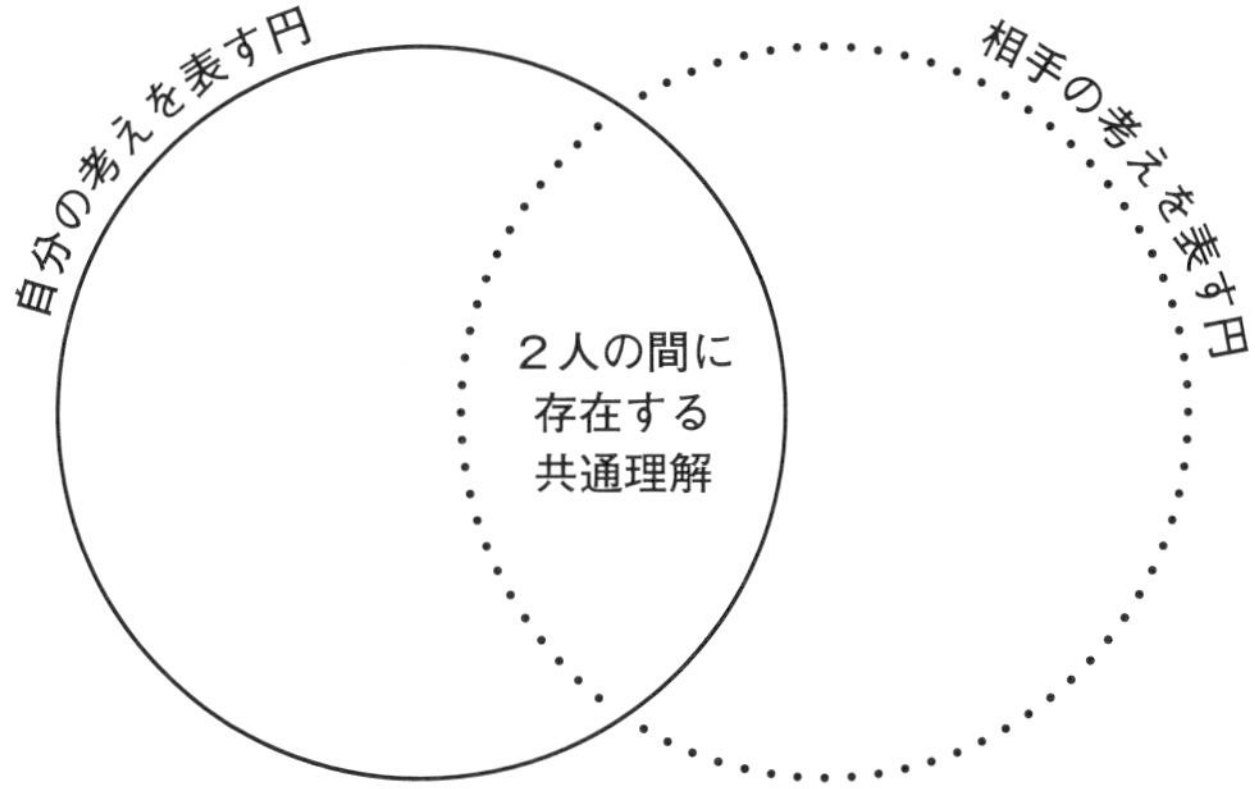

プロジェクトを進めるにあたって、サービスのターゲットはどうするか。ベータ版からサービスを開始するか、ひととおりの機能が完成するまでリリースはしないか。開発に用いるコンピュータ言語はどれを採用するか。それらを2つの円にマッピングしてみるのです。そうすれば、どれが重なりの上にあり、どれは重なっていない状況なのかを把握することが可能となります。

そのマッピングができたら、重なっていないところにある点について、重点的に考え、それらについてコミュニケーションをとっていけばいいことになります。仮に、そのマッピングが多少外れてもいいのです。始まりは仮説からで構いません。議論を重ねていくうち、共通の認識だったことも実は細部で違いがあることに気づくこともあると思います。

プロジェクトを進めるなかで、2つの円が重なる部分を少しずつ大きくしていく。それを意識して、クライアントにプレゼンする。チームメンバーに語りかける。

この2つの円を意識して議論を始めることで、コミュニケーションの質は飛躍的に向上するはずです。

図2

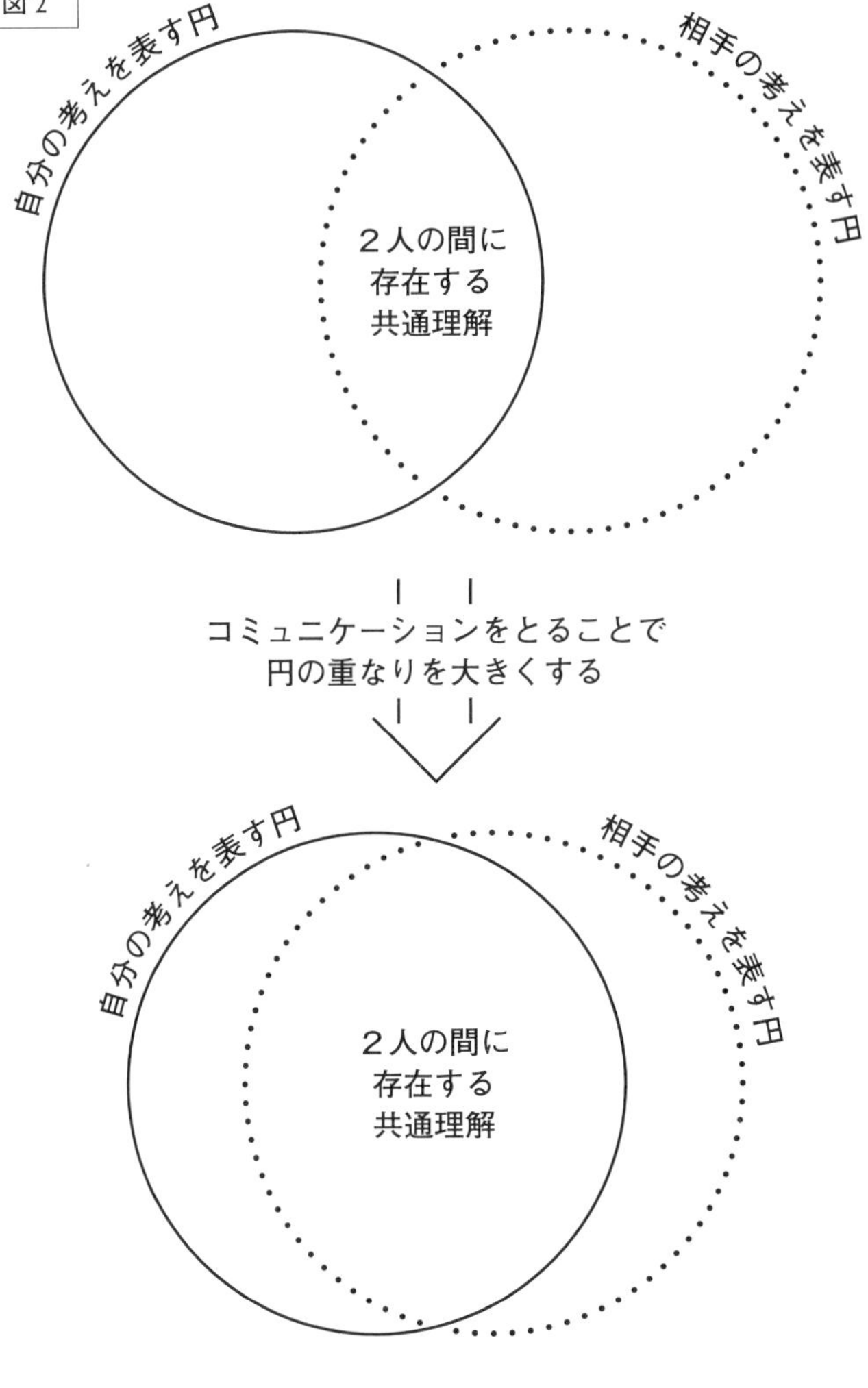
自分の考えを表す円
相手の考えを表す円
2人の間に
存在する
共通理解
コミュニケーションをとることで
円の重なりを大きくする
自分の考えを表す円
相手の考えを表す円
2人の間に
存在する
共通理解

▼日常生活における共通認識について考えてみる

2つの円の話をもっと日常生活に当てはめてみましょう。

たとえば、夫婦が夕食に食卓でトンカツを囲んでいる場面を想像してください。夫は、「あれ取って」と妻に語りかける。テーブルの上にはトンカツソース、ケチャップ、マヨネーズ、ポン酢が並んでいる。妻は迷わずポン酢を夫に渡す。夫は受け取ったポン酢をトンカツにかける。

平均的な人（あくまで最も多い意見という意味合いで）ならば、おそらく4つの卓上調味料の中からソースを取ってもらうことを期待するのではないでしょうか。ここでは、「トンカツにはポン酢をかけて食べることが常識」という夫の考えが、この夫婦の間にある2つの円が重なり合う部分に存在していることを意味します。

結婚した当初や付き合い始めた頃は、ポン酢をトンカツにかけることは当然、重なり合う円の外側にあったことでしょう。しかし日常生活を送るなかで、重なり合わない場所に存在したそうした事柄が、重なり合う場所へと移動していったのです。

▼明石家さんまさんはなぜいつまでも人気者なのか？

お笑い芸人についても、この2つの円で説明がつきます。

彼らの多くは、駆け出しの頃に、一発芸、あるいはほんの数秒程度の短いネタを持つ傾向があります。昭和時代ならば、間寛平さんの「かい～の」や谷啓さんの「ガチョーン」、加藤茶さんの「カトちゃんぺ」など。最近だとブルゾンちえみさんの「35億」や、踊りながら顔を出して言う「ひょっこりはん」などが挙げられるでしょう。

これらが意味するところは何でしょうか？　それはつまり、駆け出しの芸人が持っている円と、我々テレビの視聴者が持っている円は当初まったく重なり合わないところからスタートするということです。それゆえに芸人は、視聴者と少しでも重なり合う部分をつくるために、数秒で印象に残るネタを一生懸命考えるのです。

一発芸の話はさておいて、お笑い芸人の話術は確かに面白い。話の面白さでお金をもらっているプロなのだから当然といえば当然かもしれませんが、ここでその話術の秘訣について考えてみましょう。

私たちはときどき、昔の職場の同僚や学生時代の仲間と食事や飲みに行ったりします。また、社会人になって5年後くらいに学生時代の仲間と飲むのも楽しいものです。

では、そういう場面で話題になるのはどんなことでしょう？　そう、昔話です。同じ職場で体験したことや学生時代に共に活動したことは、お互いの円の重なり合っている部分です。**私たちが話をしていて面白さを感じるのは、重なり合っている部分の話題なのです。**

そのうえでさらに面白さを感じるのは、意外なことを知ったときです。重なり合った部分の話題において、お互いがこれはこうだろうと思い込んでいたことが、実はそうではなかった場合、そこに話の面白さがあります。

たとえば大学時代は奥手で、何事も決めかねてうじうじと考え込むタイプだったA君が社会人になり、今では課長として部下を怒鳴り散らしているらしい。こうした重なり合った円の部分から飛び出してくる意外な一面は、非常に面白いのです。

話を戻すと、芸人が優れているのは、こうした普段一般の人でも体験している話の面白さというものを、テレビと視聴者という1対1000万人の構図においてやり遂げようとしているところにあります。

お笑い芸人の重鎮、明石家さんまさんを例にとってみます。さんまさんは30年以上、テレビのお笑いのなかでトップを走り続けています。そうした時間の経過とともに、明石家さんまという人と私たちとの間には、大きな円の重なり部分ができています。私たちはさんまさんが離婚したことも知っているし、子どもの名前まで知っている。ここまで重なり合う円が大きいと、面白い話題もつくりやすくなってきます。

たとえば離婚についての自虐ネタを披露する。その際に、これまで視聴者との間に共通して持っていたと思われる認識とは違う側面を織り込むわけです。

明石家さんまという人間がなぜこれほど長期にわたってお笑い界に君臨できているのか。それは、さんまさんと我々の間にできた重なり合う部分が何であるかを、さんまさんが知っているからではないでしょうか。そして、そのなかで、これは常識だろうと思う部分を適度に裏切って、面白おかしく話題にする。その繰り返しなのです。

こういう状態を夢見て、駆け出しの芸人はとにかく視聴者との重なりを少しでも大きくしようと努力します。重なり合う部分がある一定以上の大きさになりさえすれば、お笑いネタは今よりもやりやすくなる。そう信じて一発芸を考え続けているのです。

▼映画やドラマではなぜシリーズものが多いのか？

映画やドラマの最近の傾向として、シリーズものの多さが特筆されます。アメリカのテレビドラマなどはその最たる例でしょう。キーファー・サザーランドが演じる特別捜査官ジャック・バウアーとテロリストとの戦いを描いたドラマ「24」はシーズン9まで続く、全部で200話以上の超ロングストーリーです。他の作品の主人公をクロスオーバーで出演させる形でシリーズが拡大してきているアベンジャーズもこれまで関連作品合わせて30作品が制作されています。

なぜシリーズものが横行するのか。これもやはり2つの円で説明がつきます。シリーズ化された映画やテレビの主人公と私たちの間に大きな重なりが存在するからです。重なりがあるからこそ、それを裏切るストーリーづくりが簡単となる。シリーズ1作目は難しい。それはまさに重なり合う部分をつくる位置づけとなるためです。

ジャック・バウアーは非常に優秀な捜査官です。しかし、すぐにぶち切れてテロリストを拷問するし、射殺したりもする。テロリストを倒すという大義のためなら躊躇せず、ビルや大使館に不法侵入する。シリーズを見ていく中で、私たち視聴者は、そうした無鉄砲な人格という知識としての重なり合う部分を形成していく。そういう認識があるからこそ、時折見せる脆さや弱さ、そして孤独さに心奪われるのです。

第138回直木賞を『私の男』で受賞した桜庭一樹さんは、売れない時代に編集者から次のようなことを言われたそうです。

「売れる本ってのは、7割の人が共感できて、2割の人はまぁそういう話もあるかって思えて、1割の人が変な話って思ってくれる。そういうもんですよ」

これもまさに、私の考える2つの円の話と重なります。話の内容の7割程度に読者が重なりを感じることができるのが良い小説で、そして、その重なり合う部分をうまく活用して、ストーリー展開をいかに裏切っていくかが、まさに作家の腕が問われるところなのです。

話術で相手の心をつかむのが上手な人は、何が重なり合っている部分で、何が重なり合っていない部分なのかを常に意識しています。そして、重なり合った部分のなかから、いかに裏切るか、新たに重なり合う部分に何を持ってくるのかを考え続けているのです。

リーダーになる前に
知っておきたかったこと

5

物事を伝える能力を磨くには、A＋B→Cのように、話す内容をシンプルな化学式の形に落とし込む。

まずはシンプルな構造で、手短に話す訓練を積む。

次に、印象度を高めるために、自分なりのアクセント、驚くポイントをひとつ加えてみる。

▼どうすればコミュニケーション能力を身につけられるか？

10年以上前、経営コンサルタントをしていた時代に、新卒採用の面接官をしたことがあります。30分形式の1対1の面接で、朝の9時から19時まで。多いときで1日に12人の学生を面接しました。コンサルタントを目指す学生の多くは、「どうすればコミュニケーション能力を身につけられるのか」に関心があるようです。コンサルタントに必要なスキルはコミュニケーション能力とロジカルシンキングであるとビジネス書などで喧伝されているのも影響しているのでしょう。

私は学生からそうした質問を受けたとき、必ずある化学式の話を持ち出します。

A＋B→C

これは、Aという現象とBという現象が起これば、次にCという現象が起こるというふうに解釈できます。言い換えれば、Aという人材がBという戦略を持ってビジネスを実行に移せば、Cという利益が得られると読むことも可能です。

おおよそすべての物事にはこうした因果関係が成立します。もちろん、イレギュラーな事態が起こるなど、想定した因果関係のとおり物事が動かないこともあるのが社会ではありますが、いずれにしても因果関係というものは存在します。

コミュニケーションの能力を高める第一歩は、話そうとする内容を、このようなシンプルな化学式の形に落とし込むことです。何と何をもって結論を述べようとしているのか。たいていの物事はこのシンプルな化学式に帰着できます。

よく陥りがちなのが、A＋B＋C＋D↓X＋Y＋Zなどというように、物事を複雑にしてしまうこと。物事が複雑なのではありません。物事の本質を見極められていないために、そのような複雑な伝え方をしてしまうのです。

こうした複雑な話に出くわしたとき、逆にこう問い返してみるのもいいでしょう。

「あなたの話はA＋B↓Cということでしょうか？」

目から鱗が落ちたように、そのとおりですと返答してくれる場合が多いものです。

何回も述べているように、人間はそれほど便利にできておらず、処理能力もそれほど高くはありません。

A＋B＋C＋D→X＋Yと説明されるよりは、A＋B→X、C＋D→Yなどとシンプルな構造で伝えられるほうが、すうっと理解できて頭にも残るはずです。“Simple is the best.”といいますが、これほど言い得て妙な言葉もありません。

▼1分で説明する訓練を積む

続いて、物事をA＋B→Cの構造に落とし込み、1分で説明する訓練をしましょう。たとえば朝刊の一面のトップ記事を、A＋B→Cというシンプルな構造に帰着させ、それを1分間で説明する訓練を毎朝行ってみましょう。1分という限られた時間をフルに活用して、要点をすべて盛り込み、簡潔かつ明瞭に説明するのです。

人は1分の間に何文字話すことができるか、ご存じでしょうか。平均的な人でだいたい300文字です。

ちなみにテレビの報道番組などを見ていると、あるニュースが終わってから次のCMまでに数秒の間が空くことがあります。たとえば環境保護の対応を議論していたニュースの締めくくり。番組終了まで10秒余ったときのシーンを思い浮かべてください。そんなとき、ベテランのニュースキャスターは絶妙な締めのコメントを言ってのけます。

「アメリカは抜本的な改革を即座に実行に移しました。今、国民の皆さんが日本の政府に求めていることも、いかに早期に対応するかどうか。そういうことなのではないでしょうか」（82文字）

ちなみに人が話す文字数は、一般的に、10秒の間で１００文字、５秒の間で50文字。右のコメントでちょうど10秒の間を埋めることができます。

私たちはプロのニュースキャスターではないので、ここまでとっさの気の利いたコメントを日常的に求めるのは酷な話です。ただ、どのような話題であれ１分で話しきる訓練を積むことは、社会の現場では非常に役に立ちます。

私は以前、テレビ東京の「クロージング・ベル」（２００8年9月に放送終了）にコメンテーターとして出演したことがあります。

アメリカのマイクロソフトがヤフーに買収を仕掛けていたというニュースで、その背景説明とマイクロソフトの狙いについてコメントを求められました。マイクロソフトの狙いは、グーグルの検索サービスに対抗することであり、そこでヤフーの検索技術に白羽の矢が立ったわけです。私はコメントの中でグーグルの検索技術の特徴について説明する際に、次のような言葉を用いました。

「グーグルの検索技術は、他のサイトからの接続《リンク》が多い順に表示してくれるので、消費者の嗜好に合った結果が得られやすい」

一般の人でも分かる内容で、かつグーグルの技術に対して誤解のないレベルの内容を盛り込んだ結果、私のなかから出てきた言葉でした。それに対して、キャスターの末武里佳子さんは、「つまり、人気投票順に表示するということでしょうか」と合いの手を入れてきました。

私は、一般の人に向かって話しているつもりで、実は自分の頭のなかの知識を言葉にするだけで精一杯でした。一方で末武さんは、テレビの前にいる数百万人の視聴者を見ていたのです。

「分かりやすい一言とはこういうことか！」と感銘を受けたことを覚えています。

一言ならどう説明するか。5分を費やして、起承転結を交えるならばどう説明するのか。さまざまな時間のバリエーションで試してみるのも効果的です。人の脳は、クリエイティブな作業を始めるときに初めて活性化します。受動的に文字を読むことだけでは、脳は活性化しません。ただ毎朝新聞を流し読みしているだけでは、何の訓練にもならないのです。

毎日、何かひとつの新聞記事について、A＋B→Cの構造を意識しながら、次の3つのことを頭に思い浮かべることをしてみてください。

①この記事を1分で説明するとしたらどうか？
②この記事を一言で言い表すとしたら、どのような言葉になるか？
③この記事を5分間費やして、ストーリーを持って説明するとしたらどうなるか？

この3パターンを考えるのには10分もかかりません。たった10分の訓練を毎日行うだけで、半年もすればコミュニケーション能力は大きく変わってきます。

▼説明に自分なりの意見を盛り込んで、相手の印象に残す

こうして一見複雑そうな物事をA＋B→Cという構造に落とし込み、1分で説明できる自信がついたとします。あなたの説明は整理され、分かりやすいものになりました。次に身につけるべきは、**印象度を高め、相手の記憶に残りやすい伝え方**です。

新聞の一面を分かりやすく説明した1分間の説明を、あなたは明日も覚えているでしょうか。たとえば今日これから飲みに行ったとして、明日の朝にその1分間の説明を記憶しているでしょうか。おそらく答えはNOです。ストレートにA＋B→Cという構造のみを的確に表現した言葉の場合、そこに驚きはないからです。話の中身が、話す側と聞く側で共通理解している内容だからです。

その場合、重なり合う部分からいかに裏切るか——その見せ方が重要となります。たとえばアクセントをつけてみましょう。A＋B→Cの式で表現される結論に対して、自分なりの意見を盛り込むことでアクセントがつきます。些細なアクセント、常識から少し外れたアクセント……それらが人の記憶に残る言葉となるのです。

リーダーになる前に
知っておきたかったこと

6

なぜ人によって
結論や行動が異なるのか。
ハシゴを降りれば見えてくる。

人の思考過程は、おおよそ
3段のハシゴによって表現できる。
1段目は情報の選択、
2段目は情報の分析、そして
3段目は結論であり、考察となる。
その結論に応じて、人は行動を起こす。

▼人の思考過程は3段のハシゴで表現できる

「部下の考えていることが分からない」

「彼はどうしてあんな行動をするのだろうか」

多くのリーダーが抱えがちな悩みかもしれません。

そもそも、人の思考過程はおおよそ3段のハシゴによって表現できます。1段目は情報の選択、2段目は情報の分析、そして3段目は結論であり考察です。その結論にしたがって、人は行動を起こします。

といっても、3段目の「結論にしたがって最終的に起こした行動」だけを見ても、「なぜその行動をしたか」の理由は分かりません。人はまず、1段目の「情報の選択」というハシゴを昇る際に、現在活用可能なあらゆるデータから情報を選択するという行動をとります。このとき、どのような選択をするかは、各人が持つ仮説や価値観、あるいは事情によって異なってきます。

2段目の情報の分析についても同じことがいえます。たとえ同じ情報を選択したとしても、人が100人いれば100通りの仮説や価値観があります。ということは、導き出される情報の分析についても、人によって異なる結果が得られるわけです。

人の思考ほど複雑なものはありません。アイザック・ニュートンは言いました。

「人の気持ちはとても計算できない」

情報を選択する段階、情報を分析する段階、分析から結論を出す段階、結論から行動を起こす段階。段階ごとに、人がとる思考は千差万別です。そもそも最初の情報選択のもととなる情報源も人によって異なります（図3）。

「話が通じない」「話が合わない」という言葉をよく耳にしますが、そう考えれば、そうそう簡単に通じるわけがないことがお分かりでしょう。


互いの理解を深めるためには、一度ハシゴを降りてみることが近道です。そうすることで、互いの違いを認識できます。違いが認識できれば、なぜ違う行動をとったかについても素直に受け止めることができます。

違う行動をとる相手とは、互いがどういう結論や考察を持っているかをまず話し合ってみる。違う結論に至っている場合は、どういう分析を行ったのかを確認し合う。分析のやり方が違う場合には、どんな情報を選択したのかを示し合わせる。選択した情報すら違う場合には、互いが活用可能だと思っている情報を並べて比べてみる。

図3

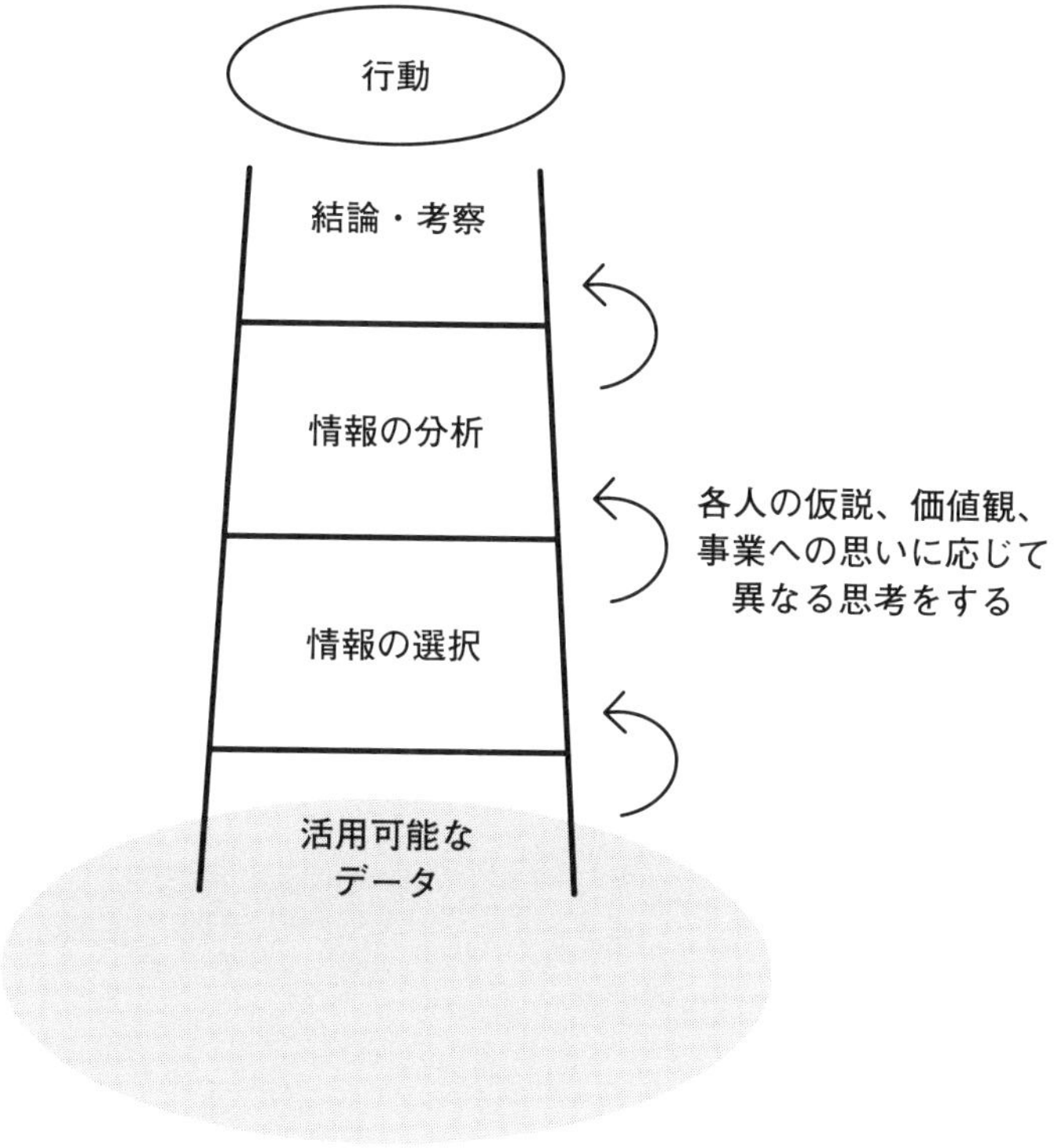

Chris Argyris 案の "Ladder of Inference" および Peter Senge の "The Fifth Discipline: The Art & Practice of the Learning Organization" の考えをもとに著者作成

ここで重要なのは、「どこが同じなのか」を確認することではなく、**互いの「どこが違うか、どう違うのか」を理解することです。**

違いを理解することこそが、互いを理解する第一歩となります。

ミーティングの現場で意見がすり合わないときは、ホワイトボードでもノートでも構いません。この3段のハシゴを描いてみてください。各自がどんな情報源をもとに考えているのか。そこからどんな情報を選択したのか。選択した情報をどのように分析したのか。分析からどういう結論を導き出したのか。それゆえに、各自がどのような行動を起こしているのか。

これを互いが書き出すことで、違いがつまびらかになっていきます（図4）。そうすると、こんなことに気づくでしょう。

「部下が自分と違う人間であるとは、これまでまったく考えてもいなかった」

人の気持ちは計算できない。たとえ今日互いの違いを理解できたとしても、明日も理解できるとは限りません。明日は明日の風が吹く。明日は明日のハシゴがいる。互いの行動の違いを議論する前に、ハシゴを1段降りてみることが近道となるのです。

図4

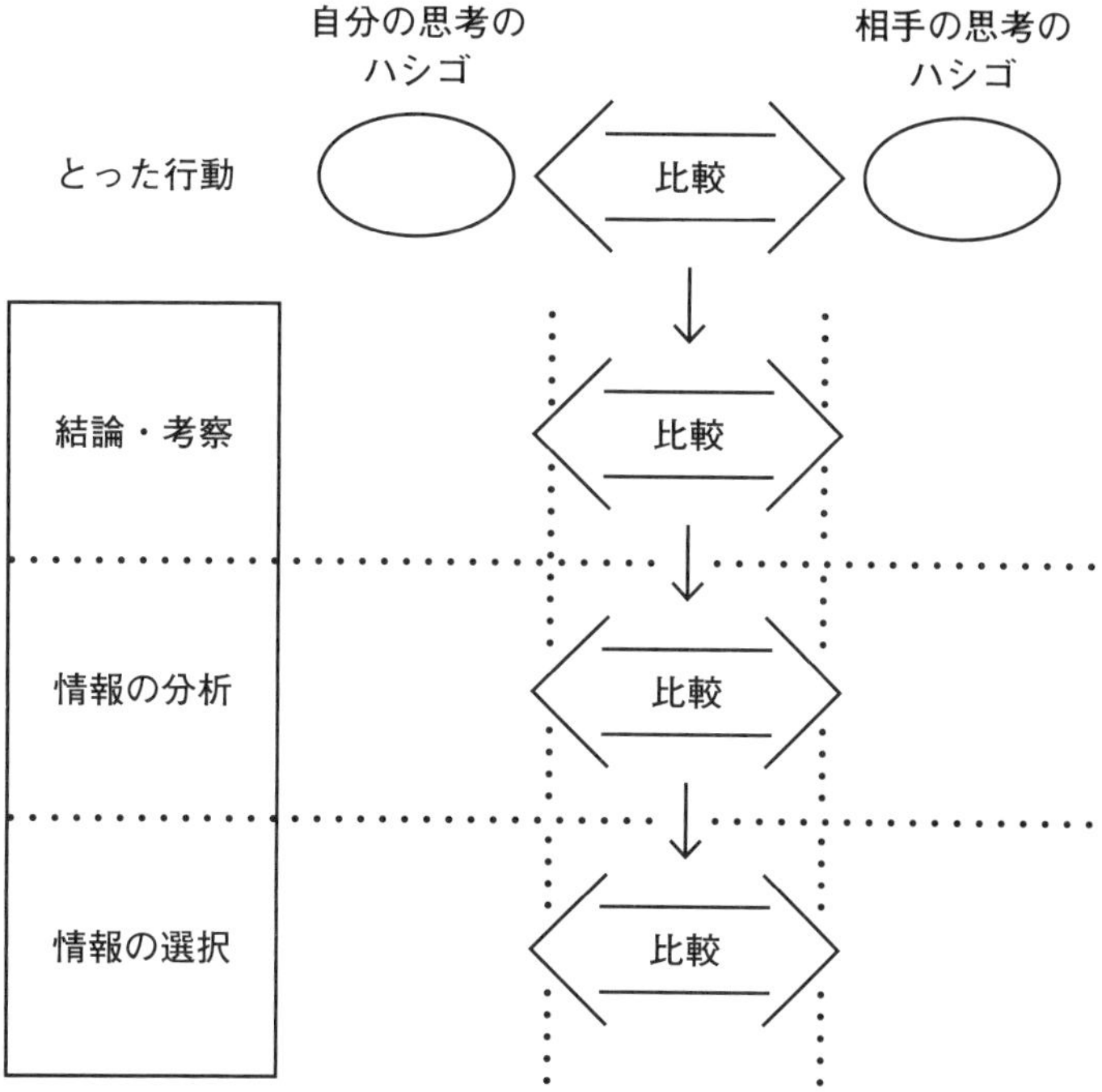

思考のハシゴの降り方

リーダーになる前に
知っておきたかったこと

7

リーダーとして、
自分の言葉が伝わった瞬間とは、
いったい、いつのことなのか。

それは、目の前の人間が
自分と同じことを言い始めたとき。
それこそが「伝わった瞬間」である。

▼「伝えきる」ということ

ビジネスの現場では膨大な量の情報を日々「話し終えて」います。残念ながら、ほとんどの情報については、単に「話し終えた」だけに留まっています。伝わってはいないのです。**「伝える」ことと、「伝わる」ことの間には、深い谷が存在しています。**

親身になって話を聞いてくれる関係であれば、ただ話をするだけで伝わることもあるかもしれません。あるいは医療カウンセラーだったら、悩み事から笑い話まで、どんなことにでも耳を傾けてくれるでしょう。それは、彼ら彼女らがそれを生業にし、話し手に言葉を返すところに付加価値を生み出す仕事をしているからです。

しかし一般的なビジネスの現場や世の中では、そうでない場合が大半です。私たちが話す言葉を全身全霊で聞いてくれる人などほとんどいないと思っていいでしょう。

たとえば、夫がテレビを見ていて、その横で妻が今日あったことを話しかけている場面を想像してください。上の空で夫が相槌を打っているのに気づいた妻は言います。

「ちょっと！　聞いてる？」。それから3日後、夫が「これ知ってる？」と、3日前に妻がしきりに話していた内容を口にします。妻があきれて、「それ、こないだ言ったでしょ」と言うと、夫はあわてて「ああ、そうだったかな……」。

夫婦の間ですら、「伝わる」ということはかように難しいのです。（いや、夫婦だからこそ難しいという読者の方もいるかもしれませんが……）

私たちは社会生活を送るうえで、言葉や文章、資料などを用いて、さまざまなことを伝えていかなければなりません。しかし、たとえば営業トークで、同じことを何十回、何百回と繰り返し話しているにもかかわらず、伝わらない。覚えてもらえない。そんな経験を持っている方も多いのではないでしょうか。

「伝わった！」といえる瞬間とは、どのような瞬間なのでしょうか。

「分かりやすい説明ができたとき」と答える方がいるかもしれません。しかし、「分かりやすく、論理的な説明ができれば、伝わる」というのは、私に言わせれば勘違いです。それは単に「話し終えた」だけに過ぎません。

では、「伝わった！」といえる瞬間とはいつか。

それは、**「相手が同じ話を始めたとき」**です。

私がかつて話した話を、さも自分の考えであるかのように相手が話し始めるときがあります。それこそが、伝わった瞬間なのです。

資料の場合も同様です。これまで何度となくあなたが資料を作成し、プレゼンを行ってきた相手。何度説明を繰り返しても関心をあまり示さず、毎回説明をするたびに初めて聞くかのような対応をされてきた――そんな相手が、いつしかあなたがかつてつくったことがある資料に酷似した内容の資料を作成し、あなたに向けて、もしくは他の第三者に向けてプレゼンを行っている。このような現場に遭遇したとき、その瞬間がまさに伝わったと呼ぶべきときです。

会議におけるホワイトボードでも、「伝わった！」瞬間を見出すことができます。

議論の内容をホワイトボードに書き込んでいくタイプのミーティングで、議論が終わったときに、ぎっしり埋まったボードの内容をスマホのカメラで撮る人は多いと思います。そこで思い返してください。たとえば3日後、いや翌日でも構いません。ボードに書かれた内容を、スマホの写真を見ずに話すことができるでしょうか。

おそらく10人中8、9人は、ホワイトボードの内容のほとんどを忘れ去っています。自分が書いた部分は覚えていたとしても、他の参加者の意見はほとんど記憶に残っていないのです。

スマホの写真を見返して初めて皆の意見の記憶が蘇ってくる。これは、他の参加者の意見がまったく伝わっていない状態といえます。ただ、耳にしたというレベルに過ぎません。残念ながら、世の中の会議の多くはその程度です。

では、そんな会議における「伝わった！」といえる瞬間とは、どんなものか。

ある会議の最中に、誰かがおもむろに自らの意見をホワイトボードに書き出した。その人が書いた内容が、かつてあなたが話したことや、ホワイトボードに書いたことがある内容に酷似していたとしたら。それこそが、「伝わった！」瞬間なのです。

昨日の中吊り広告を覚えていますか？　そう、私たちはまったく覚えていません。

同様に、あなたがかつて話したり書いたりしてきたことを話したり書いたりしているその相手も、かつてあなたが同じようなことを話し書いてきたことなど忘れています。

そのような場面に遭遇したとき、「それは以前に私が話したことじゃないか」などと憤慨するべきではありません。むしろ大いに感動するべきです。**あなたは相手に影響を与え、相手の頭で相手に考えさせて、その結果あなたと同じところに行き着いたのです。**相手の考えを自分と同じ考えに変えたとみるべきです。

伝わるということの究極の状態は、次のようなことではないでしょうか。仮に相手があらゆる情報を忘れ去ったとしても、その人の価値観や仮説によって導き出される結論が、あなたがかつて話した内容と酷似した状態となっていること。

これはもはや話が伝わったということを飛び越えて、伝えたかった内容そのものが、相手の価値観そのものにまで昇華したとも捉えることができます。これこそが目指す姿なのではないでしょうか。

リーダーが語った言葉が、描いた絵が、そのチームメンバーの誰に聞いても、心の奥底から出てくるような状態――それが実現できているチームは強いです。そこまで伝えきったリーダーは、プロジェクトを必ずやり遂げることができるでしょう。

第 2 章

そもそもリーダーとして問題の解決にどう向き合うべきかを分かっていなかった

リーダーになる前に
知っておきたかったこと

8

問題は出番を待っている。

問題が次々に発生したとしても、
それは誰のせいでもない。そういうもの。
問題は、その問題が一番目立つタイミングで
現れるのである。

▼問題はなぜ発生するのか？

「開発の納期が遅れそう」

「開発チームの一人が出社してこなくなりました」

「申し訳ありませんがチームを変えていただけないでしょうか」

「サービス開発において採用したコンピュータ言語が、そもそも不向きだったかも」

リーダーとしてチームを率いてプロジェクトを推進しているとき、必ずと言っていいほど、何らかの問題が発生します。人について、プロダクトについて、市場について……あらゆる側面の問題が日々起こりますが、リーダーは常にそうした問題を認識し、その解決に心血を注ぐ必要があります。

チーム全体にとって致命的な問題が発生することもあります。それを解決しなければ、プロジェクトそのものが頓挫する。そんな状態です。

そんなとき、リーダーは、腹心となるサブリーダーらとともに、その問題の解決を最優先に動き始めることになります。どうにか力を合わせ、やっとの思いで解決することができたとき、また新たな問題が発生します。

「せっかく大きな問題が解決できたのに、また問題発生か！」

そんなときリーダーは思います。なぜこんなに問題が発生するのだろうか。なぜ、大きな問題の直後にまた問題が起きるのか。自分の何がいけないのか。

問題はなぜ発生するのでしょうか。

もちろんリーダーの不手際から発生することもあります。しかし、ほとんどの問題は、プロジェクトにかかわっているメンバーそれぞれの、自分の思いどおりにしたいというエゴから発生します。言いかえれば、問題はそのプロジェクトに関わる人たちが、それぞれの心のうちに抱えているのです。

では、その問題がいつ表面化するのでしょうか。

実は、人は無意識にそのタイミングを見計らっています。どういうことか。問題を心のうちに抱えている人は、チーム内でその問題がより大きく取り上げられ、より良いかたちで解決されることを望んでいます。そのため、他の問題が生じていないときや解決された後のタイミングで、「こういう問題がありまして」とカミングアウトするのです（決して、リーダーを困らせてやろうというわけではありません）。

実は成果も同じです。大きな成果は、なぜ大きな成果になるか。それは、組織の中でほかに取り立てて大きな成果がないタイミングであるからこそ、その成果は、より大きな成果として目立つのです。ほかに拮抗するライバルがあれば、その成果の大きさはかすんでしまいます。

問題は常に出番を待っています。問題は次々と発生します。その問題が一番目立つタイミングで現れるのです。それは、ここまでお伝えしてきた理由から、止めることはできません。それが問題というものなのです。

リーダーになる前に
知っておきたかったこと

9

どれだけ話し合っても、膝詰め議論の賞味期限は翌朝まで。

問題が現れるたびに、解決する。
翌日また現れたら、また解決する。
対応し続ける。
それがリーダーとして
問題に向き合う姿勢である。

▼あれだけ膝詰めで議論して考えをすり合わせたはずなのに

チームを率いてプロジェクトを推進するために、リーダーであるあなたは知恵を絞り、さまざまな工夫をしていることでしょう。会議体の設計、ノミュニケーションなど、ありとあらゆる手立てを講じていることと思います。

大きな問題の解決やプロジェクトの方針転換などのため、定例ミーティングのほかに、関係者各位を集めた膝詰めの長時間ミーティングをすることもあるでしょう。現状の整理、課題の炙り出し、そしてその解決。そんな繰り返しの日々かもしれません。ときには、腹を割って話そうぜと、居酒屋で3時間議論することもあるでしょう。

それでも、しばらくするとまたチーム内が紛糾してしまう……よくある話です。

そうして私たちはしばしば、このように憤ります。

「あれだけ膝詰めで議論して考えをすり合わせたはずなのに、なぜまた同じ問題が発生するのか?!」

実は、膝詰めで議論して合意したとしても、多くの場合、その賞味期限は翌朝までなのです。

そもそも、そこまで膝詰めして議論しなければ前に進まない問題とは、どういう性質のものか。それは、それを問題と感じている人の心の内面、もしくは、価値観そのものから出てくるものである場合が多いのです。

つまり、その問題と感じることは、その人にとっては、自然とそう感じるほどのことなのです。その人の人間性の自然な状態が、問題と感じること。それは、1日や2日、膝詰めで議論したところで、変わりません。人間もしくは、人格を変えようとするようなものだからです。

では、どのように立ち向かえばいいか。

その問題をチーム内で抱えたまま、ゴールに向かって走るのです。そもそも、問題が完全になくなることはありません。問題は出番を待っています。問題を完全になくそうとすると、チーム内に疲弊を生みます。なぜなら完全になくなることはないからです。膝詰めでの議論でプロジェクトは進みます。しかし、たとえ翌朝になりました同じ問題が勃発しても嘆く必要はありません。

問題が再三生じているのは、あなたにリーダーシップが欠けているからではありません。解決しても再び現れる問題は、それにかかわるメンバーの価値観からきているものです。自然の摂理と思ってもいいでしょう。

問題が現れるたびに、解決する。翌日また現れたら、また解決する。対応し続ける。それがリーダーとして問題に向き合う姿勢なのです。

リーダーになる前に
知っておきたかったこと

10

リーダーは失敗する。それでいい。それでも進むのだ。

懸命に進めていることも失敗する。失敗との付き合い方。それは、どのくらいの確率で失敗するものなのかを事前に把握しておくことである。

▼失敗といかに付き合うか？

リーダーは失敗とどう付き合うべきか？　永遠の課題かもしれません。

そもそも、あらゆることに失敗はつきものです。重要なのは、どのくらいの確率で失敗するのかをあらかじめ知っておくことです。


どんなに成功している人でも、その裏側で多くの失敗を重ねています。

たとえば、メジャーリーグで10年連続２００本安打を放ったイチロー選手は、しかしその裏側で、毎年４００打席以上は凡打に倒れています。通算３０００勝という日本記録を保有している競馬の武豊騎手も、その裏側では１万回負けています。史上初の7冠を達成した将棋棋士の羽生善治さんは、１０００勝達成するまでに３７３回負けています。１対１の真剣勝負において、観衆の前で３００回負けることに耐える胆力とはどれほどのものでしょうか。

物事を突き詰めていく際に、どのくらい負けるものなのかを事前に把握しておくことは重要です。ここで挙げたスポーツや競技などの場合、それが把握しやすい特徴があります。野球でいえば、日本のプロ野球史上4割バッターは存在しません。ということは、打席に立ったとき、60％の確率で失敗してもいい。そういう気持ちで臨めば、いくぶん精神的な緊張は和らぎます。

１００回打席に立てば、60回は凡打でも許される。とはいっても、それはあくまで統計として捉えた話です。ここは何が何でもヒットが欲しい――そのように確実な結果が求められる場面はあります。

たとえば、２００９年3月24日に行われたワールドベースボールクラシックにおける韓国との決勝戦。延長10回表、同点の場面でランナーは二、三塁。バッターはイチロー。ここで「60％の確率で凡打でもいい」という人はいません。１００％の確率でランナーを一人でもホームに返してくれることを、誰もがイチローに期待しました。そしてイチローは期待にこたえて、決勝のタイムリーヒットを放ったのです。

とはいえ、このような場面で結果を出せるのはイチローのようなスーパースターだけです。プロフェッショナルといえども、失敗してしまうことはあります。

「失敗や負けることに、いかに慣れることができるか」。プロフェッショナルを突き詰めるには、失敗を受け入れる覚悟が必要となるのです。

私たちが普段取り組んでいるビジネスの世界は、どの程度失敗するものなのでしょうか？ 新規事業はよく千三《せんみ》つといわれます。1000個の事業アイデアで、ものになるのは3つ程度という意味です。しかし、これも正確な統計データがあるわけではありません。

プレゼンは何回に1回勝てばいいか？ 投資家からの出資を取りつける場合は？ 役員を説得し決裁を受ける場合は？ テレアポを取る場合は？ 商談でサービスを売り込む場合は？ 何回に1回成功すればいいのでしょうか。

失敗する確率を事前に把握することなく仕事に励んでいるビジネスマンは少なくありません。たとえば、「10回トライして1回成功すれば想定どおり」と考える――そうした思考の転換が必要となります。

さらにいえば、9回トライして9回とも失敗しているときに、「よし、この調子でこのままがんばっていこう」と思えるくらいの精神的な強さが、リーダーには求められます。

▼失敗の経験が人を成長させる

2度や3度の失敗など物の数には入らない。失敗したことは誇りに思うべきで、むしろ失敗の経験がないことのほうが悲しい事態だと思うべきです。できることばかり取り組んでいたのでは、人生何も変わりはしない。**できるかどうか分からないことに挑戦するときこそ、大きな成長の機会があるのです。**

とはいえ、いくらこうした思考で臨んだとしても、失敗したときは苦しいもの。どのくらいの確率で失敗してもいいものか。それを事前に把握していたとしても、結果として、負けた確率が想定の倍以上ということもあるでしょう。自分が目指す姿、自分が達成したい夢と現在の自分との間のギャップに途方に暮れることもあります。

しかし、夢は苦しむために見るものではありません。夢に向かって一歩ずつ近づいている。そう感じて、わくわくするために見るものです。

今日の一歩はギャップを感じるために歩むのではありません。昨日より夢に確実に近づけた。そう認識するための歩みなのです。

リーダーになる前に
知っておきたかったこと

11

答えのない問題もある。答えの出ない状態でも走り続けないといけない。

リーダーの仕事とは、答えのない闇を歩き続けていくこと。

▼リーダーが取り組む複雑系の問題

コロンビアビジネススクールのエグゼクティブMBAでリーダーシップ論のコースを履修していたときのことです。指導教官のラルフ教授（Prof. Ralph Biggadike）からリーダーシップについて次のようなことを教わりました。

会社という組織が立ち向かう問題は、2つの軸で捉えることが可能である。ひとつは問題に対する知識や経験のレベルが確実に対応可能なレベルなのか、不確実性がある状態なのかという点。もうひとつは組織における合意が、合意可能なものなのか、合意困難なものなのかという点。

不確実で合意困難な問題は、まさに混沌とした状態である。それに対して、確実で合意可能な問題は道理的であり、これはリーダーでなくとも判断できる。**リーダーシップとは、確実性と不確実性の間に位置づく問題、合意可能と合意困難の間に位置づく問題、そうした複雑系の問題を導いていくことだ**というのです。

人は不安定な状態を嫌います。問題があるならば、それにはすっきりとした答えがあるほうが気持ちいい。答えがあるほうが心が落ち着く。

しかしプロジェクトにおいて、そのようにすっきりとした答えがあることは多くありません。たいていの場合、合意可能か合意困難かの判断がつかないような、居心地の悪い状態をコントロールし続けなければなりません。加えて、過去に同じような経験があったり、同じような問題を解いたことがあったりすればいいのですが、そうではない場合、プロジェクトのリーダーは、そうした不確実性をはらんだまま日々を過ごしていかねばならないのです。

ラルフ教授はそのことを、「Anxietyとともに生きていく」と表現しました。Anxietyは直訳すれば「心配」ですが、ここでの意味合いは「不安」「懸念」「もどかしさ」が近いでしょう。

こうした複雑系の問題に向き合うとき、リーダーは適度なAnxietyを内在して問題に取り組む必要があります。ただし、Anxietyしすぎても、それはそれで良くない結果を引き起こします。何事にも躊躇して実行に移さなくなる恐れがあるためです。

図 5

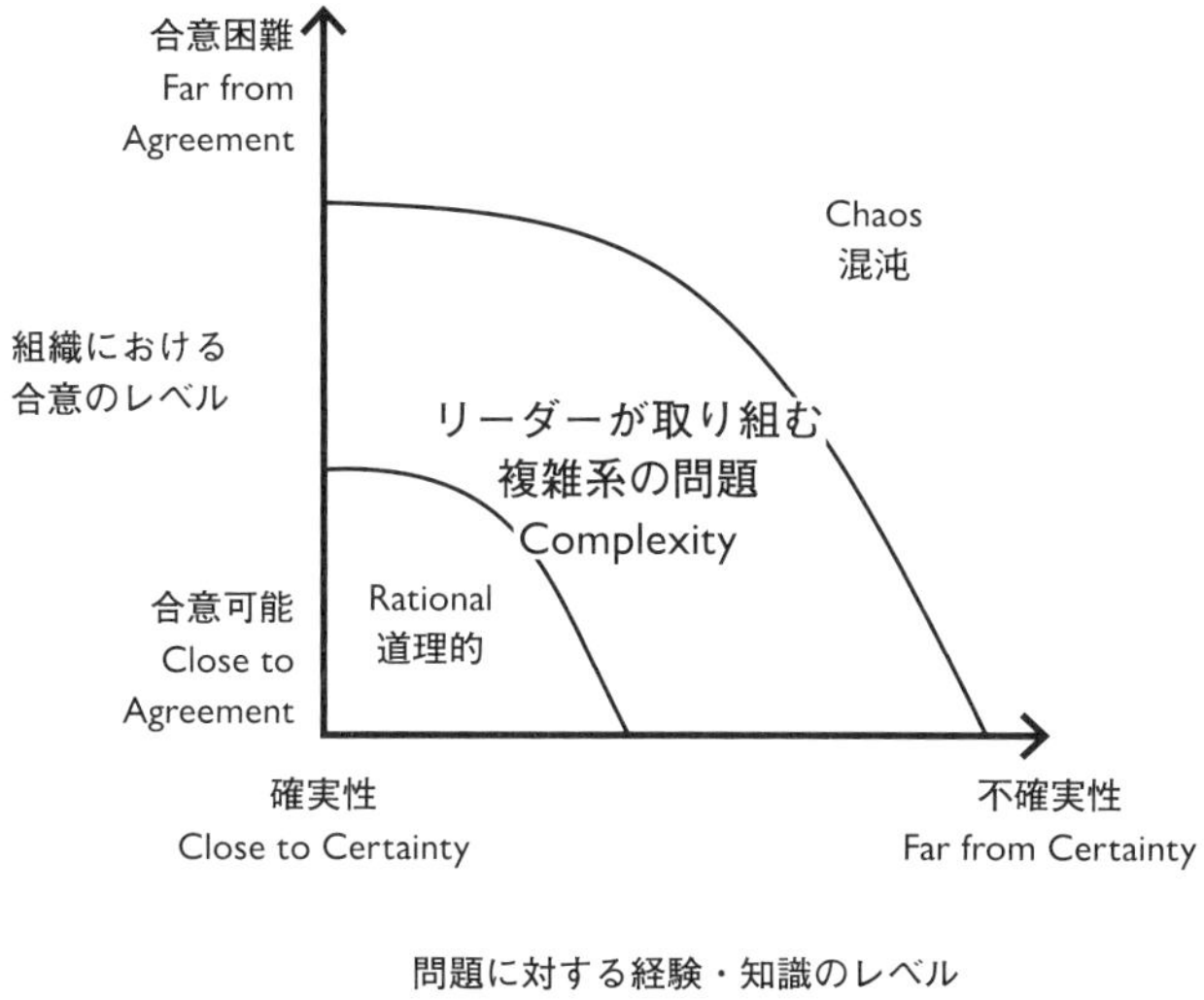

出所：Prof. Ralph Biggadike プレゼン資料を基に筆者作成

▼リーダーが導くべき問題のほとんどすべては「人の問題」

経営において最も重要なのは、戦略を「立てる」ことではありません。戦略を「やり遂げる」ことです。

誤解を恐れずにいうならば、戦略は誰が考えてもさほど変わりはしません。マーケティング戦略、プライシング戦略、チャネル戦略、プロモーション戦略など、戦略に関する研修やビジネス書は世の中に溢れています。たどり着くプランは、おおよそ常識の範囲に落ち着いてしまうものです。

ただ、それをどう実行するか、どうやってやり遂げるのかが問われているのです。

そして、そのために大きな障害となる問題は、おおよそ人の問題となります。

戦略どおりに人が動かない。戦略が誤解されて伝わっていく。戦略に対して反対する勢力が出現する。戦略の修正を周知徹底しようとすると経営陣を無能だと捉える集団が出現してくる。戦略の進捗状況をモニタリングしたいが必要な情報が集まってこない。集まってくる情報にバイアスがかかっていて、経営判断するための情報としては心もとない。戦略が機能した組織とそうでない組織の間で軋轢が生まれる……。

このように、戦略を実行する際に生じてくる問題は、枚挙に暇がありません。そして、こうした複雑系に属する問題のほとんどすべては、人に起因しているのです。

システムを修正すればいいのであれば、これほど単純なものはありません。エンジニアを集めて、プログラムの点検をすればいいからです。膨大で時間のかかる、困難な業務になるかもしれませんが、問題がシステムのどこかに存在することは分かっているわけで、点検するべき場所は有限なのです。

それより、プログラマーが最高のコンディションでプログラミングできる環境を整えることのほうが複雑系の問題といえるでしょう。

問題を精査した結果、その解決策が導き出せたとします。となると、次は、その実行となります。そして、実行するのは人なのです。その実行がなかなか進まない。

リーダーが導くべき複雑系に属する人の問題について、どのような思考をすればそれに立ち向かうことができるのでしょうか。

『最高のリーダー、マネジャーがいつも考えているたったひとつのこと』（M・バッキンガム著、加賀山卓朗訳／日本経済新聞出版社刊）に含蓄に富んだ一節があります。

「私は生まれながらの教育者ではない。集中型で、企画向きで、次々と仕事をこなすのが好きな人間だ。ひとつ仕事をなしとげては、次に移りたい。要するに、ものごとをどんどん片付けていくのが好きなのだ。私にすれば、人に関する問題でじれったいのは、終わりがないことだ。人はつねに進行中の仕事のようなものだ。私にとってはこの進み具合を見つけるのが、いらだたしいほど難しい」

精神科医の医療カウンセリングもこれに似たところがあるかもしれません。

医療カウンセリングでは、仕事の内容や今の悩み、この一週間の出来事などを淡々と聞いていきます。骨折や風邪などと違って、精神科では、いつ治ったのか。どうなれば治ったことになるのかを明確に定義しにくい。治療の進行状況を把握することが非常に難しいのです。

医学は理系の学問です。医師は、いわゆる理系の頭をしています。学生時代の成績は当然優秀で、答えのはっきりする数学や物理が得意だった人がほとんどでしょう。そうした人種にとって、進捗状況がはっきりとしない物事に相対することほど辛いことはないのではないでしょうか。

終わりがないもの。進行しているのか、進行していないのか、それが分かりづらいようなこと。合意できるのか、合意できないのかも分からないようなもの。そうした複雑系の問題に立ち向かい、数百人、数千人の人々を率いていく。そうした問題が存在し、そうした問題を導く仕事が存在します。それこそがリーダーの仕事なのです。

今の仕事に思い悩んだとき、そこにはこうした複雑系の要素が入り込んでいるのかもしれません。そう考えて、一度頭を整理してみるのもいいでしょう。

プロジェクトが混沌とした状態に陥ったとしても、それはそれでいいのです。そのままその問題とともに走り続けていけばいい――そう考えるのです。

リーダーになる前に
知っておきたかったこと

12

正しいことをするのではなく、
していることを正しくする。

リーダーに求められるのは、
「正しいやり方探し」ではない。
チームとしてやると決めたことを
一丸となって推進し、ゴールまで持っていくことだ。

▼重要なのは、目の前の課題を解決することであって、仮説にこだわることではない

チームを率いていて課題にぶち当たったとき、パッション溢れる若いメンバーが、こんな提案をしてきました。

「この課題の進め方は、こう解決するべきです」

あるいは、チーム内のマネジャークラスから、こんな相談がありました。

「あるタスクを進めている際、メンバーに指示を出したところ、そのメンバーのタスク処理のやり方が間違っていました。どうやったら、正しいやり方で進めるように部下をマネジメントできるでしょうか？」

目の前の課題に対して、自ら仮説を立て、それを解くための方法を考える。それ自体はすばらしいことです。しかし一方で、**自分が考えた仮説をベースに立てた方策こそがベストであると盲目的に考えることには、実は問題もある**のです。

先の2つの例の場合、メンバーやマネジャーが自分で考えた策が正しいものであるという前提で話が進んでいます。むしろ彼ら彼女らは、それが実行されなければならないとさえ考えています。

しかし**リーダーとして重要なのは、目の前の課題を解決することです。そのマネジャーが正しいやり方だと考えた方策を推進することがゴールではありません。**

自らの仮説に自信を持つことは重要ですが、ゴールを履き違えてはいけません。部下をマネジメントするときなど、自らのやり方を絶対的な正として進めていってしまった場合、今はまだ知らない新たな、だがより良い策が現れたとき、選ぶことをためらってしまうことになります。

また、自分が正しいと思うことを推進しようとした場合、意見が食い違うチームメンバーとの間で意見の衝突が起きます。そうした衝突から軋轢が生まれ、チームが崩壊してしまうこともあります。

では、意見を戦わせている両者にとってのゴールは何か。それは、組織における課題を解決することです。決して、互いが主張するやり方を遂行することではありません。自らの方法で進めることに固執することは、ただのプライドのぶつけ合いでしかないのです。

最短で、効率的に課題を解決すること。その共通認識ができているのであれば、課題はいつか必ず正しい方向に行き、解決します。こうした場面でリーダーに求められるのは、何が正しいかを選択することでもなければ、「正しいやり方は何か」と分析し探索することでもありません。

組織として、課題をなるべく早く解決することが重要なのです。チーム内でさまざまな方策の案が出たとき、そのなかでチームとしてこれを行うと決めたものを、チームメンバー一丸となり推し進め、日々改善しながらゴールまで持っていく。「今していることを正しくしていく」ことこそが求められているのです。

●

次章ではチームビルディングについて見ていきますが、その前に、私の経験値をここでまとめておきます。

野村総合研究所にて経営コンサルタントとして9年従事し、その後GREEというモバイルソーシャルゲームのベンチャーに2年弱いました。その途中でシンガポールに移住し、シンガポールを中心にアジアでいくつかの会社を立ち上げ、その後日本に帰国し、2社を創業。会社のイグジット（バイアウトなど）も2社経験しています。これまでの資金調達の総額は10億円を超えました。

コンサルティングのプロジェクトでいえば、これまで100本近くの経験があり、その中で多くのチームメンバーに助けられました。シンガポールで起業してからは、多国籍なメンバーのチームをまとめあげなければならないときもありました。日本で立ち上げたスタートアップは、創業から2年余りでメンバー数が60名を超えるまでに急拡大し、その直後市場環境が激変することで、20名近くを減らし、最終的には上場企業の連結子会社化に向けて会社の舵を切るという経験もしています。

時価総額が1兆円を超える大企業から、数人で独立した状態まで、さまざまなスケールでのチームビルディングに関わってきました。チームをどのように推進させ、ドライブをかけていくか。その過程で、多くの失敗も経験してきました。

そんな経験から学んできたことについて、次の章で紹介していきます。

第 3 章
そもそも
チームビルディングを
分かっていなかった

リーダーになる前に
知っておきたかったこと

13

#1
スタートアップ
編

「0から1のフェーズ：
創業時に事業がなかなか進まないとき」

0から1の立ち上げの際に最も必要なのは、課題設定の共有と徹底である。

ゼロイチのフェーズでリーダーがやるべきこと。
それは「事業をいかに進捗させるか」ではなく、
課題（ビジョン）を深掘りし、それを
チームメンバー全員で徹底的に共有することだ。

▼スタートアップ時のリーダーに求められること

私はこれまでアジアで5、6社ほどと、日本で2社、いわゆる0から1のフェーズを経験しています。創業時というのは特殊な環境です。新たな門出ということで、ほとんどの場合、チームは興奮状態にあります。やってやる！　成功してやる！　社会を変革してやる！　そんな闘志でみなぎっています。

一方、事業を進めることは非常に困難です。なぜなら、やるべき仕事やタスクが明確に定まっていないからです。これを進めて良いものか。ここに力点を入れてもよいのか。目の前に広がるすべてのタスクに不安を覚えるのがこのフェーズです。

そんなときのリーダー、すなわちスタートアップの社長の悩みは、どうやったらもっと事業が進むのか、という一点に尽きます。タスクをさらに細分化するべきか、仮説をもっと考え直すべきか、チームメンバー全員での合宿でサービス機能の詳細化を図るべきか。

そうした視点は、どれも間違ってはいません。プロジェクトを進める過程で必ず必要なものです。しかし、0から1を立ち上げるフェーズでリーダーが最も注力するべきは、意外なことに、「事業をいかに進捗させるか」ではないのです。

リーダーがやらなければならないこと。それは、立ち上げようとするサービスの課題設定の深掘りです。違う言い方をすれば、「ビジョンの設計」ともいえるでしょう。なぜ、そのサービスが必要なのか。なぜ、このチームがそれに取り組むべきなのか。なぜ、この会社が存在するのか。なぜ、社会がそれを必要とするのか。

0から1のサービスを立ち上げるとき、創業者や立ち上げメンバーの胸の中には、否応なく、どうしようもなく、そのサービスを世の中に届けることで解決したい課題があります。その課題とは何か。なぜその課題を解くことが重要なのか。

0から1のフェーズにおけるリーダーに求められることは、事業の推進やメンバーのタスク管理などよりも（それらも大変重要な仕事ですが）、**チームが立ち向かうべき社会課題をより深く理解し、それを繰り返しメンバーに伝え、議論すること。**それこそが何よりも重要です。

２０１２年の暮れ、私はシンガポールで起業しました。初めての起業でした。それが海外でした。その会社が最初に取り組んだものは、The CHAOS ASIAというイノベーションピッチイベントでした。

それはＩＴに限らず、教育、ＮＧＯ、映画、飲食、建築など8分野のあらゆる国籍の面白い人材を集めて、３分のピッチイベントを催すというものでした。２日間で登壇者は88人と設定しました。

イベントにあたって、私はタスクを分解し、役割を分担しました。まず、分野別の担当者を決める。ターゲットとする国を決める。各国、各分野でピッチに適した人材の情報の調査を始める。めぼしい候補が見つかったら、その人にコンタクトをとり、ステータス管理をしていく……。すべて必要なタスクです。私は役割分担を明確にし、進めるための方策を練り上げました。

しかし、それだけでは進んでいかなかった。なぜ、そのようなピッチイベントを私は立ち上げようと思ったのか。私の「なぜ」、つまり課題設定がメンバーたちに伝わりきっていなかったのです。

なぜ、そんなピッチイベントを企画したのか。私はアジアにイノベーションの聖地を創りたかったのです。アメリカのテキサス州オースティンにおいて毎年3月にSXSW（サウス・バイ・サウスウエスト）というイベントが開催されています。映画と音楽、そしてITを融合させたお祭り騒ぎのようなイベントです。

そのイベントで2つのイノベーターが生まれました。一人は、2002年3月にこのイベントに登場した、当時無名のノラ・ジョーンズでした。心を揺さぶる、あの少しハスキーな歌声に人々は魅了されました。SXSWというお祭り騒ぎのなか、彼女の歌声はMyspace（当時のソーシャルネットワークサービス）などを通じ世界に一気に広まりました。

もうひとつは2007年のツイッターです。ジャック・ドーシー（ツイッター社の創業者）はオーディエンスに語りかけました。「俺はちょっとつぶやく（ツイート）するサービスをつくってみたんだ」。そのステージから、ちょっとツイートしてみようぜ、というムーブメントが広がっていきました。

音楽とITが融合したイベント。それがノラ・ジョーンズとツイッターがその後世界に広がるきっかけのひとつだったと言われています。

まったく異なる分野の人間が交われば、そこには自ずとイノベーションが生まれます。だから、8分野、国籍も問わず、登壇者を集めるのです。88人の登壇者の持ち時間はわずか3分。主催者側から紹介もしません。突発的な出会いを演出するため。登壇者は各自持ち時間のなかに、自分の人生の生き様をぶつけるのです。

歌う者、ITアプリを披露する者、NGOとしての社会課題を訴える者……。その予期せぬ融合がイノベーションを生む。そうした舞台をアジアに創りたい。それがThe CHAOS ASIAを私が進めたかった理由でした。

アジアにイノベーションの聖地を。こうした私の課題意識を会う人会う人にぶつけていきました。チームメンバーにも何度もぶつけました。シンガポール政府にもプレゼンに行きました。幾度となくその課題を伝えることで、ようやくチーム内にもそれが浸透し始めました。そこからプロジェクトは大きく動き出したのです。

結果として、2013年11月、シンガポールにて第1回のThe CHAOS ASIAを開催することができました。登壇者88人。参加者の国籍32カ国。2日間の参加者延べ500人。シンガポール政府IDA（Infocomm Development Authority of Singapore）も公認のイベントです。(https://www.youtube.com/watch?v=dGLdafQd2QU)

今でも当時の登壇者とはつながっています。主催者と登壇者という依頼者とそれを請けた関係ではなく、アジアにイノベーションの聖地を生み出そうとする同志としてのつながりです。

0から1の立ち上げ時にリーダーが腐心すべき最大のタスクは、課題設定に尽きます。**なぜそのサービスが必要なのか。なぜそれを推進する必要があるのか。なぜそれが社会で求められているのか。**課題をチームメンバー全員で徹底的に共有するのです。

そうした共通認識をつくれるかどうか。それがサービスの立ち上げ時においては最も重要となります。

リーダーになる前に
知っておきたかったこと

14

「1から10の成長フェーズ：
数人から50人規模へと拡大していくとき」

成長期・拡大期の組織において
重要なのは、プロジェクトの
マネジメントではなく、
新旧メンバーの対立のケア。

これをクリアできた組織だけが
次のステージに上がることができる。

▼急成長する組織のリーダーが考えるべきこととは？

私が日本で立ち上げたLastRootsという会社は、創業から1年が経過した頃、メンバーの数は10名足らずでした。その6ヶ月後、ＳＢＩグループに第三者増資を割り当てさせていただいてから会社の成長へと大きく舵を切り、その1年後には派遣社員、業務委託などを含めると60名を超える大所帯となっていました。1年で人員が5倍に拡大したのです。

アプリやウェブサービス開発の推進、事業開発、営業開拓、コーポレート機能の整備、政府対応など対応するタスクは多岐にわたりました。人数が増えるにつれ、チームは大きくなり、事業は推進するはずでした。2倍の人員になれば、2倍、いやそれ以上にスピードアップする。そう期待して拡大し続けました。

リーダーとして腐心すべきはプロジェクトのマネジメントやチームメンバーのタスク管理であり、それによって事業の進捗をスピードアップさせることができるはずだと、当時の私はそう考えていました。ところが、人数は増えても、開発のスピードアップは実現できず、逆にどのような機能を開発するべきか、どのような改善がベストか、開発スケジュールは、この順番でいいのか、議論が紛糾する日々が続きました。

当初、問題はプロジェクト管理や各人員の役割分担にあると私は捉えていました。そのため、会議体の再設計やメンバーとの面談に時間を割いていました。それによってプロジェクトが効率良く推進されると考えていたのです。

しかし、そうした努力はまったく実を結びませんでした。効率的になるどころか、人員が増えるごとに非効率な点が目立ち始めます。問題はプロジェクトの推進方法にあるのではなく、プロジェクトを進めるメンバーの受け取る気持ちにあったのです。

▼成長期のチームの問題は、新旧メンバーの対立から始まる

スタートアップは当然ながら、創業当初は無名の会社です。いかに崇高なビジョンを掲げたとしても、長年の知り合いならともかく、知人でも知人の紹介でもない人が入社する見込みはゼロに近いのが現実です。その意味で、創業当初に入社してくれる人は、少し乱暴な表現になりますが、「無謀な人」です。

そのうちに社員が10名を超え、資金調達をする頃になると、社名も業界の中で知られるようになります。ビジョンやサービス内容に共感する人も現れ始め、スタートアップで一旗揚げてやろうという「自信がある人」が入社してきます。その頃のメンバーは、自分に自信があり、社会変革にも意欲的である傾向が強いように感じます。

会社のステージがさらに進み、社員が50名程度になってくると、今度は「デキる人」が入社し始めます。会社として拡大する中で、組織に必要な業務が次第に明確になってくる時期なので、そこで会社が求めるのは、その業務の経験がある人材です。その時期に採用される人は各業務における実績やキャリアを引っさげてきますから、より「デキる人」が入社してくることになります。

この状況において、創業期の「①無謀な人」、成長期の「②自信がある人」、そして拡大期の「③デキる人」という新旧メンバーの間で対立が始まるのです。

たとえば創業メンバー（①）から見ると、会社が大きくなるにつれて会社が必要とする仕事やタスクが多様化していくなか、まだ人材がいないため、創意工夫でどうにかそれに対処してきました。それに対して、拡大期に入社した人（③）は、実務経験が豊富でやり方を熟知しています。そこで、創業期メンバーが創意工夫してきた方法と、拡大期メンバーが実務経験で培った方法とで、意見の食い違いが起きるのです。

さらにいえば、初期メンバーが20代で、後からきた拡大期メンバーが実務経験豊富な40代だったりすると、その溝はさらに深まります。

創業期メンバー（①）と、その次に入社した成長期メンバー（②）の間にも亀裂が生まれがちです。成長期メンバーは、とにかくアグレッシブで意欲的。経験のない業務も、自分ならばこうする、自分のやり方が最も効果的なはずというマインドで仕事に取り組みます。会社としては、そのアグレッシブさは非常に嬉しい要素です。

しかし、会社が未知の領域への挑戦を含むタスクを推進しようとする際に、創業期メンバー（①）という自負と、自分に自信がある成長期メンバー（②）の意欲との間で、大きな衝突が生じます。そして、そこに優劣をつけることは非常に難しいのです。

創業期メンバー（①）と成長期メンバー（②）、そしてその後に入社した拡大期メンバー（③）との間にも、仕事観の違いに起因するわだかまりが芽生えます。

①と②を含めたいわゆる初期メンバーは、パッションが高く、開発したサービスで社会を変革することに強く使命を感じているため、組織として非常に心強い構成要員となります。一方、拡大期メンバー（③）が入社するあたりから、ワークライフバランスを気にする人が多くなります。仕事には真剣に打ち込む。ただし、24時間働けるかというとそうではない。仕事も大事だが、もっと大事なものもある。同じチームで動き始めたとき、そうした熱量の違いが徐々にわだかまりとなってくるのです。

ですから、**多様な人材が増え始めた拡大期にリーダーがすべきは、新旧メンバーの対立、わだかまりに目を光らせ、その間に横たわる軋轢《あつれき》を解きほぐすこと。**それが最も重要なタスクになります。

もっと情緒的に表現するならば、先に入社したメンバーの「赤ちゃん返り」ということもできます。後から入ったメンバーは会社にとって心強い。会社が必要とする実務の確かな経験があるためです。それは初期メンバーにはない能力である場合が多い。

そのとき、創業期メンバーは無意識のうちに、後から入ったメンバーに嫉妬を感じてしまうことがあるのです。

成長期や拡大期に事業を推進するために必要なのは、先に入社したメンバーが、後から入社したメンバーを「受け入れることができる土壌」をつくることです。

創業期メンバーにも、会社が成長していく過程において、必要な役割は必ずあります。それぞれのメンバーの存在意義は何か。会社全体で共通認識を持つことが重要となります。

一方、組織としての新陳代謝が必要となるときもあります。創業時と成長期、拡大期では、会社が求める人材は明らかに違ってきます。創業期に多大なる貢献をした初期メンバーに卒業するタイミングがやってくることもあります。急速にメンバーが増えると同時に、辞めていく社員も出てきます。

成長期においてリーダーが最も腐心すべきは、新旧メンバーの間に生まれる亀裂を把握し、それを最小化することです。そのために、それぞれの果たすべき役割を、新旧メンバー全員が同じように認識できるまで伝え続けることが重要となります。

リーダーになる前に
知っておきたかったこと

15

#2
大企業
編

「部下のモチベーションがなかなか上がらないとき」

部下のモチベーションが上がらない原因は、自分にある。

重要性と必要性をメンバーに伝え続けよう。
互いが互いを必要としているという共通認識ができあがっているチームは強い。

▼部下のモチベーションを高めるリーダーシップとは？

企業に勤めているビジネスパーソンにとって、あるプロジェクトを任され、何人かの部下を持ったとき、大きな興奮を覚えるものです。しかしながら、プロジェクトを進めていると、必ずと言っていいほどこういう場面に出くわします。

「タスクを任せている部下が思うように動いてくれない」
「部下が自主性を持ってタスクに取り組んでくれない」
「納期を定めてプロジェクトを始めたものの、期待するアウトプットが部下から出てこない」

そんなとき、リーダーの頭のなかに浮かぶ問いは、「どのように部下をマネジメントしたらいいか？」「どのように部下を動かしたらいいか？」といったことでしょう。

しかし、**部下のモチベーションが上がらない状態にあるときに考えるべきは、部下のマネジメント術ではなく、リーダーである自分のあり方です。**

現場のスタッフにモチベーションがない、部下が自主的に動いてくれない——そんな場面に出くわしたとき、リーダーはとかくタスクの内容をさらに詳細に伝えようとしがちです。あるいは、スケジュール管理をより強固にしようとしがちです。

でも、それでは何も変わりません。部下も変わりません。部下はタスクの詳細が知りたいのでも、進め方の具体的で細かい指示を求めているわけでもないのです。

部下のモチベーションが上がらない状態にあるとき、その原因は部下にもタスクにもありません。問題は、リーダーである自分にあるのです。

そもそも、**人はどういうときにモチベーションが湧くのでしょう。それは、「重要なものに取り組むとき」、そして「必要とされているとき」**。その2つ以外にありません。

部下に任せているタスクがいかに重要なものか。プロジェクト全体の中の何に影響し、それがプロジェクトの命運をどのように握っているのかを伝えましょう。そして、その命運の鍵を握るのが自分（部下）であり、タスクが完了しなければ困る（つまり、必要とされている）ということを理解してもらうのが重要なのです。

タスクは変わりません。やる必要があるタスクです。部下の現時点でのスキルも変わりません。部下のスキルは、プロジェクトを通じて初めて向上していきます。

タスクを任せている部下が思うように動かないという状況を変えることができるのは、リーダーだけです。そして、その原因はリーダーの言動にあるのです。

タスクのゴールだけを伝えて後は介入せずに放置するか、タスクのやり方まで含めて、手取り足取り一緒に動くか。そのどちらが良いか。それはリーダーシップとは関係ありません。個人の性格の問題です。

できるだけ放置されることを望む部下もいれば、夜遅くまでミーティングで議論を戦わせながら、先輩（リーダー）とともに仕事を取り組みたい部下もいます。どこまで部下に手を貸すかは、その部下の性格に合わせて適宜判断すればいいことです。

プロジェクトを率いるリーダーが考え続けなければならないのは、部下に任せたタスクがいかに重要で、いかに必要とされているか――それを伝え続けることに尽きます。

私は野村総合研究所で経営コンサルタントとして9年ほど働いていました。その間に携わったプロジェクトは100本くらいあったかと思います。リーダーとしてプロジェクトをまとめる役割になったとき、最初のうちはメンバーを動かすことにいつも苦労していました。そうしたとき、最後はリーダーである自分が尻拭いをして、どうにか報告書にまとめていかなければなりません。プロジェクトチーム全体の力を十二分に活用できなかったとき、困るのは自分なのです。

メンバーのモチベーションを高めるリーダーシップとは、いかに重要か、いかに必要かをメンバーに伝え続けることである――そう気がついて以来、私はひとつ必ずしていることがあります。たとえば、クライアント先へのプレゼンが終わった帰り道、オフィスに戻るタクシーのなかで、チームメンバーにこう語りかけるのです。

「今日のプレゼン資料の、あのページには助けてもらった」

私は、チームメンバーが手がけた資料を見るとき、最も注力したであろうポイントをいつも探していました。クライアントにとって重要かどうかはどうでもいい。そのメンバーが一番力を入れたところはどこなのか。メンバーがプレゼンしているときは、いつもそのことを考えながら聞くようにしていました。そして、その注力した点について、帰り際に右のように語りかけるのです。

リーダーが語りかける「助かった」という言葉には、2つの意味が込められています。ひとつは、そのタスクが重要であるから、やってもらって助かったという意味。そしてもうひとつは、あなたを必要としているから、いてくれて助かったという意味です。

お互いがお互いを必要としている——そういう共通認識を持ったチームは、必ず伸びていくでしょう。

リーダーになる前に
知っておきたかったこと

16

新規事業や提案営業が
なかなか通らないとき

提案を通すための
リーダーシップで必要なことは、
自分のこだわりを捨て、
相手の立場に立つこと。

「敵を知り己を知れば百戦危うからず」。
自分が何をしたいかではなく、相手が何をされたいかに
意識を向ける。

▼企画内容のブラッシュアップに全力で取り組むだけでは足りない

「あいつの企画はなぜいつも通るんだ」

そんな苦い気持ちになった経験を持つ方は多いと思います。自分（のチーム）の企画はなぜいつも役員会で通らないのか？　どこに問題があるのか？　通る企画と通らない企画の違いはなんなのか？　どのようにリーダーシップを発揮したら、自分たちの企画も通るのだろうか？

通る企画と通らない企画。私の経験則になりますが、通らない企画にはひとつの特徴があるように思います。それは、企画内容のブラッシュアップにフォーカスしている点です。

チーム一丸となって企画内容のブラッシュアップに全力で取り組んでも、その企画が通る確率は高まりません。そう聞くと訝《いぶか》しく感じる方もいるかもしれませんが、内容の吟味を続けている限り、企画の決裁にはそれほど近づかないのです。

考えなければならないのは、誰がその企画のプレゼンを聞くのかということです。その人は今何を考えているか？　何に関心があるか？　企画テーマの分野において、どういう課題意識を持っているか？　どのような言葉であれば通じるか？　どのようなキーワードが刺さるか？

孫子はその昔、**「敵を知り己を知れば百戦危うからず」**と言いました。

ここでいう敵とは、プレゼンする相手のことです。己を知るとは、自分の企画内容をブラッシュアップすることです。

自分ばかりを見つめている限り、企画が通ることはありません。企画を通すためにその内容を考え続けているうちに、私たちは袋小路に陥ってしまいがちです。考えれば考えるほど視野が狭くなっていくのです。

相対性理論を確立したアインシュタインは、こんな言葉を残しています。

「ある人の価値は、何よりも、その人がどれくらい自分自身から解放されているかということによって決まる」

いかに自分自身のこだわりや思惑から解放され、企画を聞く相手の立場になって考えることができるか。10あるうちの9くらいは相手のことを考えて、相手の気持ちを企画に組み入れていく。そうして初めて自分が言いたいことの1が伝わっていく。**自分が何をしたいのかではなく、相手が何をされたいのか**。御用聞きのように相手の要望を聞いてプレゼンすることが、企画を通す鍵なのです。

私がコンサルタントだったときのこと。クライアントからプロジェクトを受注するためには、ライバル他社に勝たねばなりません。

まだリーダーとして駆け出しの頃は、明け方まで徹夜してメンバーと議論を戦わせ、ホワイトボードに書き散らして、良いプレゼン資料を1枚でも多くつくることに腐心していました。夜中11時にチームメンバーを招集し、ホワイトボードに必要な資料を矢継ぎ早に描き始め、そこからタスク分担をする。締め切りは夜中の1時。この5枚を資料に足せば、ロジックが強化され、提案内容がよりブラッシュアップされる……。

そして、夜中3時に帰宅し、シャワーを浴びて仮眠。10時にはクライアントへのプレゼンが始まる。昨日、夜中まで頑張ったということが自信につながり、その自信が過信（提案が通らない）に変わる。

そんなやり方のプレゼンで、私のチームは負けが続きました。何がいけないのか。回数を重ねるにつれ、提案資料はブラッシュアップされた。分析も申し分ない。提案内容を補強する他社事例、マーケティング調査など抜け目がない仕上がり。夜中まで作業をしたという興奮がアドレナリンを出し、5割増しで勝てるという自信ばかりが膨らみました。

でも、それでは負けるのです。リーダーである私も含め、チームメンバーは誰も、プレゼン相手のことを知らなかったのです。資料が分厚くなることなど、それを聞く相手にとっては重要ではありません。

そのクライアントには進めたいものがあり、それを表現する自分の言葉を持っています。その言葉で語らなければ、提案は通っていきません。提案内容が、クライアントの考えに近い場合でも、言葉の使い方が違えば、それはクライアントにとっては、血が通っていないものになるのです。

自分のこだわりや思惑から解放されることが重要であると気づいて以降、私は夜中まで自分の世界に入りこんで提案書をブラッシュアップするような行為をやめました。

そんなことよりも、資料も持たず、クライアント先に会いに行き、何に本当に困っているのか、質問攻めにするようになりました。そうすることで、クライアントとの間の共通認識を徐々に大きくしていくのです。

ひとつ質問を相手にするたびに、一歩ずつコンペでの勝利が近づいてくる——私はメンバーにもそう伝えるようにしています。

リーダーになる前に
知っておきたかったこと

17

#3
歴史
編

「アポロ13号とコロンビア号、
成否を分けた共通認識」

リーダーがつくりだす
最初の共通認識が成否を左右する。

たかが共通認識、されど共通認識。
問題が生じたとき、それをいかにして
組織内の、共通認識にするか。
すべての問題への対処はそれで決まる。

▼Houston, we've had a problem here.（ヒューストン、問題が発生した）

創業期のスタートアップや大企業でのプロジェクトを推進していくためには、さまざまな場面でのメンバー間の共通認識の醸成が鍵となることをお伝えしてきました。

ここからは、歴史を振り返り、リーダーがどのように共通認識をつくりあげてきたか、または逆につくりあげられなかったことが原因で失敗に至ったか。過去実際に起こった出来事を通じて、「共通認識」の大切さを見ていきます。

Building common groundとは、直訳すれば「共通の土台を造ること」。つまりは、「共通理解をする、共通認識を構築する」ということを意味します。ビジネスの現場において、これほど重要でありながら軽視されがちな言葉はありません。

軽視というと少し誤解を招くかもしれません。事業を始める、あるいは会議を行うにあたり、その背景に関する「共通認識」を持つことが必要ということに異を唱える人はいないでしょう。にもかかわらず、「共通認識」がないままに、あらゆる会議が、あらゆる事業が進行しています。あらゆる会社が動いてしまっているのです。

ここで2つの事例を紹介します。1970年のアポロ13号の事故と、2003年のスペースシャトルコロンビア号の事故です。

前者のアポロ13号は、乗組員全員が無事に地球に帰還することができました。他方、コロンビア号は残念ながら大気圏への再突入の際に空中分解という未曾有の事故に見舞われ、乗組員全員が帰らぬ人となりました。この両者の結末を決定的に違えたのは、ひとえに「共通認識が構築されたかどうか」で説明することが可能なのです。

アポロ13号の一連の事故については、ロン・ハワード監督、トム・ハンクス主演で映画化もされていますから、ご存じの方も多いでしょう。アポロ13号は月面の「嵐の海」フラ・マウロ高原という場所に着陸を予定していました。任務は、その場所周辺の調査をすることでした。1969年のアポロ11号の船長ニール・アームストロングが人類初の月面着陸(こちらも「ファースト・マン」というタイトルで映画化されている)から3回目の打ち上げであり、世間的には月に行くという偉業がもはや過去の出来事のように認識され始めた段階でした。

ベトナム戦争が長期化し泥沼化の様相を呈していたという時代背景もあり、アポロを飛ばすよりも喫緊の政治的な問題があるのではという意見が世の中に広がっていました。そうしたなかで起きたこの不幸な事故は、世界の注目を再びアポロに向けさせました。その意味では不幸中の幸いであったといえます。

事故の概要はこうです。ケネディ宇宙センター第39複合発射施設から打ち上げられた2日後に船内の電線が短絡しました。それによって発生した火花が原因で、機械船の酸素タンクが爆発したのです。

アポロ13号は、司令船と機械船と月着陸船の3つの部分から構成されています。司令船は宇宙飛行士が滞在するモジュールで、地球に帰還させるために必要なすべての制御装置が搭載されています。機械船は主に推進用ロケットエンジンを搭載しているモジュールで、エンジンの燃料や宇宙滞在中に必要な酸素、水、バッテリーなどの消耗品などもそこに搭載されています。最終的に地球に帰還するのは司令船のみで、機械船は大気圏再突入時に大気圏内で破壊されることになりますが、大気圏に再突入するまでは、酸素、水、そしてバッテリーという宇宙船を制御する、まさにライフラインを司る設備が搭載されているモジュールなのです。

このアポロ13号の事故では、その機械船の酸素タンク部分が爆発しました。事故が発生してまもなくアポロ13号の司令船操縦士であるジャック・スワイガートからの最初の連絡は、「Houston, we've had a problem here.（ヒューストン、問題が発生した）」。この一言が乗組員、管制塔のクルーすべての心をひとつにしたのです。

アポロ13号は紛れもなく危機的状況に陥っており、この危機を打開しなければ乗組員3名は全員死んでしまう可能性が高い――そうした「共通認識」が一瞬にして構築されました。その認識を誰も疑うことなく、それを解決することが最重要課題であると即座に決定され、全クルーが全力をあげてその打開に取り組みました。

まずなされたのは、空気漏れの徹底的な状況把握です。何が起きたのか。どれほどの危険があるのか。空気漏れが続くとすると、船内の空気がすべてなくなるまでの猶予時間はどの程度あるのか。空気漏れを止めるすべはないのか。各分野のエキスパートを緊急招集し、考えられる限りの解決策が検討されました。問題を細分化していき即座に解決できることはないか。空気漏れの猶予時間を引き延ばす方策はないか。地上の管制塔でも、船内にある道具と同じものを会議室に広げ、それらの道具を活用することで、新たに有用な器具を開発することはできないかという検討が行われました（しかも、宇宙飛行士たちの手づくりによって）。

すべてのクルーが一丸となってこれらに取り組むことができたのは、「問題が発生しており、それを即座に解決しなければ乗組員の安全は確保されない」という明白な共通認識がつくりあげられたからです。

そうした対応を表面的に捉えて、「至極当然のことではないか」と思われる人もいるかもしれません。しかしながら、次に説明するコロンビア号の場合は、その「たかが」共通認識をつくりあげることさえ、まったくもってできなかったのです。

コロンビア号は1981年に初めて打ち上げと帰還に成功したスペースシャトルです。以来、ディスカバリーやチャレンジャーなどのスペースシャトルが製造され、毎年のように打ち上げが成功していました。1980年のレーガン大統領の発言が印象的です。

「宇宙への進出はかつて我々の夢であった。そして今、スペースシャトルによって、我々は宇宙を日常のものにしようとしている」

この言葉にあるとおり、もはやスペースシャトルの打ち上げは特別なニュースではなくなりつつありました。そしてその23年後の２００３年2月1日に、コロンビア号の事故は起きました。

事故は打ち上げ後まもなく起こりました。スペースシャトルは第一段ロケットに充塡されているマイナス１８３度の液体酸素の影響で、水蒸気が凍った分厚い氷で外壁部分の表面が覆われています。スペースシャトル打ち上げの際、そうした氷を剝がしながら徐々に高度を上げていきます。コロンビア号も例外ではありませんでした。

そのとき、大きな氷の塊が耐熱隔壁、つまりスペースシャトルの底面に直撃したのです。底面の耐熱隔壁は宇宙空間から大気圏に再突入する際に、スペースシャトルを空気との摩擦熱から守る命綱です。氷の塊が耐熱隔壁に衝突したことは、地上の管制塔で確認できていました。

スペースシャトルは無事宇宙空間に飛び立つことができましたが、問題は大気圏に再突入するときです。宇宙遊泳を始めてから1日目に地上の管制塔スタッフの間でミーティングが持たれました。ミーティングの目的は、現在のスペースシャトルプロジェクトの進捗状況と対応するべきリスクの確認です。氷の塊が耐熱隔壁に直撃したことも、そのミーティングで取り上げられました。

しかし、そこではより詳細な分析をするようにと指示が飛んだだけで、具体的な対策は何もなされませんでした。管制塔スタッフのリーダーはリンダ・ハムという女性で、NASAきっての超エリート。稀に見る出世スピードで、42歳という若さでスペースシャトルプロジェクトのリーダーを任された人物です。それでも、氷の塊が隔壁に衝突したことは優先度の低い事柄として処理されたのです。

それはなぜでしょうか。氷の塊がスペースシャトルの底面の耐熱隔壁に衝突することは、それまでもたびたび起こっていたからです。

2003年のコロンビア号の打ち上げは、スペースシャトルプロジェクト全体では、113回目の打ち上げでした。スペースシャトルはコロンビア号のほかに、チャレンジャー、ディスカバリー、アトランティス、そしてエンデバーの5機が製造されています。1機種あたりの打ち上げ回数は20回を超える計算となります。

113回の打ち上げの中で、氷の塊が底面の耐熱隔壁に衝突した回数は、驚いたことに7回を数えます。つまり、スペースシャトルプロジェクトにおいて氷の塊が隔壁に衝突することは、いわば日常化していたのです。

アポロ13号の場合、ジャック・スワイガート操縦士が明確に危機を宣言しました。そして管制塔のスタッフも、それを誰一人疑うことなく、緊急で対応するべき危機と認識しました。危機に対する揺るぎない認識、つまり「共通認識」の大きさが未曾有の危機から3人の宇宙飛行士を救ったことになります。

コロンビア号の場合、起こった事故は過去に例があるものでした。それを宇宙飛行士の生命の危機と認識するスタッフもいれば、そうでないスタッフもいました。チーム全体で「共通認識」を持つことができなかったのです。

このときのコロンビア号では、隔壁に衝突した氷の塊の大きさは過去最大級であることが算出できており、それについてもレポーティングされていました。レポートには宇宙飛行士の生命の危機が明確に記載されていたのです。しかし、このときのNASAの司令塔における共通認識は次のようなものでした。

「氷の塊は過去に何度も隔壁に衝突したことがある。そして、これまで一度もそれが問題になることはなかった」

問題が生じたとき、それをいかにして組織内の「共通認識」にするか。すべての問題への対処はそれで決まります。

危機が起こったとき、リーダーが最も時間を割いて慎重に検討すべきことは、「その危機をどうやって乗り越えるか」ではなく、「関係するすべての人が揺るぎない共通認識を持つにはどうすればいいか」です。共通認識さえ合わせることができれば、たいていの仕事はうまくいきます。「たかが共通認識、されど共通認識」なのです。

共通認識が持たれていないと感じられるプロジェクトに身を投じることもあるでしょう。そのときは、勇気を出して叫んでみてはどうでしょうか。そもそも論をぶちまけることになるかもしれませんし、プロジェクトの進行を遅らせることになるかもしれません。それでも、プロジェクトの結果を大きく左右するような共通認識のずれがあるのであれば、誰かがそれを叫ばなければならないのです。

何ヶ月もかけて検討してきたことなのだから、もはや後戻りはできない。そういう声も上がるでしょう。しかし、問われているのは成果であり、狙うべきは結果です。

そもそも論者になることは、時として非常に重要です。そうして声を上げることで、本当に必要な共通認識を醸成させることができることがあるからです。

リーダーになる前に
知っておきたかったこと

18

「坂本龍馬が目指した、
明治維新の時代を動かした共通認識」

たとえ前例のないものであれ、
共通認識をつくりだすことが
必要なときがある。

明治維新の志士たちの戦いとは、
実は共通認識を創り上げる戦いでもあった。

▼日本人はなぜ閉鎖的なのか?

イタリアのP&Gでビジネスユニットディレクターを務めるフランチェスコ・アレバに、あるときこう聞かれました。「なぜ日本や日本人は閉鎖的なのか?」。

イタリアでは16世紀にルネッサンスによって芸術が爆発しました。しかし、それはイタリアだけで成し遂げられたことではありません。さまざまな国から多様な人間をフィレンツェやローマに集めたことで、知と美の核融合が起こり、芸術の都ができあがったのです。

日本にはソニーやパナソニックなど、20世紀の芸術と呼べる革新的な製品を次々と世界に送り出してきた会社がたくさんあります。それなのに、なぜ日本や日本人は閉鎖的なのか。おそらくこれは多くの外国人が持っている疑問でしょう。

世界のなかで日本という国は、未だに理解されていない部分が多いと思います。私はフランチェスコに対して日本の鎖国の歴史を披露しました。日本は1637年から

1853年までおよそ220年間鎖国していたこと。貿易は限られた港でのみ行われたこと。その間、日本で大きな戦乱は一度も起きず、他国からの侵略もなかったこと。人類の歴史の中でそれだけの長期にわたり平穏な時代が続いた国は、日本を除いて他にないだろうということ。その平安の中で人々は学び、芸術が花開いたということ。19世紀の江戸は人口100万人を超え、ほとんどすべての子どもたちが読み書きをすることができた。このように近代化した都市は世界のどこにもなかったのではないか。ゆえに日本人のDNAには鎖国の中で国を発展させていくという強烈な成功体験がある。まず自国で粛々と考え、そのうえで他国と対話をしていく。それが外から見た場合に閉鎖的に映るのかもしれないということ……。

このように日本の歴史を説明すると、フランチェスコは非常に驚いていました。そんな歴史が日本にあったとはまったく知らなかったと。日本の歴史を学んでみたくなったとまで言ってくれました。

日本で教育を受けていれば誰もが知っている江戸幕府や鎖国という史実を、外国の人たちは知りません。当然です。私もイタリアといえば、ローマ帝国とルネッサンスとレオナルド・ダ・ヴィンチ、おいしいトスカーナワインくらいしか知りません。

物事の始まりはすべて、こうした共通認識を持つこと――Building common groundを構築することから始まるのです。

260年以上も平穏な世の中をもたらした江戸幕府が終わりを告げようとした頃、維新の志士たちが立ち上がり、国は乱れました。

時に刀を交えて、時に議論を戦わせて、維新の志士たちが命を賭して行ったこと。それもBuilding common groundといえるでしょう。公武合体か尊皇攘夷か、江戸幕府の思惑、朝廷の思惑、諸藩の思惑、米英蘭などの諸外国の思惑――それぞれの思惑である円は、まったく重なり合うことがありませんでした。

現代と違って、情報がメディアを通じて流通することなどない時代です。異国語を理解できる日本人はほんの一握りだけでした。薩摩と長州（今でいう山口県と鹿児島県）の間ですら、人々はなかなか分かり合うことができませんでした。

多くの維新の志士たちが武力をもって違う円（江戸幕府という封建社会）を潰しにかかっていたとき、円の重なりをつくろうと、Building Common Groundに腐心した志士の一人が坂本龍馬でした。

坂本龍馬は土佐藩の下級武士の出身で、1835年（天保6年）に生を受け、1967年（慶応3年）に33歳の若さで暗殺されました。大政奉還からわずか1ケ月後のことです。

今でこそ坂本龍馬は有名ですが、生前の龍馬を知っているのはごく限られた人だったと言われています。現在の坂本龍馬像は、司馬遼太郎の『竜馬がゆく』に依拠するところが大きいのでしょう。実際の彼の活躍の真偽の程については歴史家の研究に譲るとして、ここでは一般的に捉えられている坂本龍馬像をもとに語ります。

多くの活躍を残した龍馬ですが、28歳で土佐藩を脱藩するまで、さして大きなことを成し遂げたわけではありません。北辰一刀流を学び剣術に明け暮れるなど、この時代のごく一般的な武士の姿でした。

龍馬の転機は1862年、勝海舟との出会いです。龍馬は勝を暗殺するために勝のもとを訪れたと言われています。しかしその場で転進して、勝の弟子となりました。

龍馬はそこで知ります。世界の広さを。世界は自分の知らないことだらけということを。自分の知らない多様な政治体制、経済の仕組み、そして文化があることを。

維新の志士たちは、その断片すらも知らずに攘夷を叫んでいたのです。彼らをこのままみすみす戦乱の世に散らすのはあまりにも忍びない。そこから龍馬は動き始めました。まさに竜神の如く、幕末の世を。

坂本龍馬の最大の功績として有名なのは、なんといっても薩長同盟でしょう。

1866年（慶応2年）1月、龍馬の斡旋で長州藩と薩摩藩の同盟が結ばれました。それぞれの代表である桂小五郎と西郷隆盛を引き合わせた格好です。当時すでにこの2藩は、日本のなかでも非常に重要なポジションを占めていた大藩でした。

このとき、龍馬は桂に求められて盟約書に裏書をしています。天下の大藩同士の同盟に一介の素浪人が保証を与えた格好です。龍馬がいかに信頼を得ていたかが分かります。

西郷隆盛は龍馬を評して次のような言葉を残したと伝えられています。

「天下に有志あり、余多く之と交わる。然れども度量の大、龍馬に如くもの、未だかつて之を見ず。龍馬の度量や到底測るべからず」

薩長同盟のほかに注目したいことがあります。1867年（慶応3年）に起きた「いろは丸沈没事件」です。

いろは丸は、坂本龍馬が率いる海援隊が所有する蒸気船で160トン、3本マストを備えたスクリュー推進型の船です。いろは丸沈没事件とは、いろは丸と紀州和歌山藩の明光丸とが衝突し、いろは丸が沈没してしまう事件のことを指します。明光丸は887トンで、いろは丸の約6倍の巨大な船でした。

この事故には、いずれも日本初となる、以下の3つの特徴があります。①日本初の蒸気船同士の衝突事故である点、②航海日誌を用いて事故検証が行われた点、③当時の航海における国際法を解説した翻訳書「万国公法」に則った交渉が行われた点。

紀州和歌山藩といえば、徳川御三家で徳川吉宗を輩出した名家です。そこを相手取って、一介の組織（貿易結社、日本発の株式会社とも言われる）が賠償請求を行ったのです。龍馬の政治的な対応力、交渉力に加えて、土佐藩の後藤象二郎も加わり、結果として7万両の賠償金を勝ち取ることになります。

「万国公法」が日本に輸入されたのは1865年から66年と言われています。その普及を推進したのが勝海舟でした。今後世界の海に出て、列強の会社と渡り合うことを夢見ていた坂本龍馬。対等の交渉に持ち込むためには、国際的に通用するルールを理解し、それを使いこなす必要性を強く感じていました。公武合体か尊皇攘夷かという自国内の事情ばかりでなく、いかに列強の諸外国と渡り合っていくべきか。それを見据えた行動だったといえます。

諸外国から見れば、日本がどういう国なのか、まだほとんど理解されていませんでした。そうしたなか、国内でさまざまな内乱が起き、1863年には薩英戦争も起きています。龍馬としては、どうにか諸外国との間で「共通認識」が持てるもの、拠りどころにできるものが必要でした。それが「万国公法」だったと私は考えます。

相手が御三家の紀州和歌山藩でも、龍馬は一歩も引きませんでした。「万国公法」も日本ではまだあまり認知されていない時代です。にもかかわらず、これからの世界の海で常識となる「万国公法」に則って賠償金を支払うべきと龍馬は主張しました。

分かり合えない者同士で交渉ごとを進めるには、互いが理解できる「共通認識」がいかに必要かということを、このとき龍馬は痛切に理解していたのではないでしょうか。

リーダーになる前に
知っておきたかったこと

19

「未曾有の危機に立ち向かう
共通認識」

共通認識を代弁することが、
事態を打開する打ち手となる。

誰もが心のなかに潜めているもの。
リーダーはそれを代弁することで
共通認識を顕在化させる。

▼誰もが心のなかに潜めているものを見つける

「構造改革なくして、成長なし」

２００１年に小泉純一郎元総理大臣が言った言葉です。本書で小泉元総理の政策について論ずるつもりはありません。それは後世の歴史が判断することだからです。

ここでは、この「構造改革なくして、成長なし」というあまりに有名な言葉にどんな意味があるかを考えていきます。バブル崩壊以降、停滞していた日本の経済。何かを変えなければ、袋小路に陥ってしまう。抜本的に何かを変えなければならない。日本国民の誰もが直感的にそう感じていたときのことです。

構造改革を断行する。これまでとはまったく質の違う変革を起こす。たとえそれがどのようなものであろうと、今までの常識とは違うことをする――そう語ってくれる政治家を、当時の国民の多くが求めていたのではないでしょうか。

すばらしい演説とは、多くの人が心の奥底で思っていることを代弁することにほかなりません。そこで小泉元総理がたどり着いたのが、「構造改革なくして、成長なし」というシンプルなメッセージだったのです。

2009年1月にアメリカの大統領の座についたバラク・オバマ氏の演説でも同じような現象が起こりました。多くのアメリカ国民はイラク戦争に疲れきっていた。こういう説明をすると、その壮絶さが想像できるでしょう。

アメリカにとって、イラク戦争は第二次世界大戦よりも長く続いた戦争なのです。誰もがブッシュ政権への信頼を失っていました。そうした政情のときに、誰もが感じていたのは、紛れもなく、「変えたい」という思いでした。変えることができるはずだという希望でした。そこで生まれた掛け声をオバマ大統領は叫んだのです。

"Yes, We Can！（そう、私たちは変えることができる！）"

大統領選挙の当日、私は偶然にもニューヨークに住んでいました。普段はメジャーリーグなどを流しているスポーツバーでビールを飲んでいました。そのときスポーツバーの大画面のプラズマテレビに映し出されていたのは、大統領選挙の開票速報でした。ひとつの州が赤（ジョン・マケイン候補）か青（オバマ候補）に染まるたび、バー全体は熱狂の渦に包まれました。

たとえるなら、サッカーのワールドカップやWBCの試合を街角のテレビで観戦しているような雰囲気でした。日本でも選挙速報となれば、各放送局が特番を組んで番組を流しますが、これほどの熱狂を巻き起こすことはないでしょう。アメリカ国民が新大統領に寄せる期待の大きさをまざまざと感じることができた時間でした。それと同時に、アメリカ人が持つ底なしのパワーを目の当たりにした瞬間でもありました。

2001年9月11日にニューヨークを中心として起きた同時多発テロ。2機の航空機が超高層ビルのワールドトレードセンターに激突し、その衝撃の映像が瞬く間に世界中を駆けめぐりました。誰もがその惨劇に恐怖しました。

最終的な犠牲者の数は3000名近くにまで及びました。当時のニューヨーク市長のルドルフ・ジュリアーニ氏は、こうした未曾有の危機下におけるリーダーシップを如何なく発揮しました。特にテロ後すぐに行った演説には多くの人の心が救われたものです。危機にあって、それへどう立ち向かっていくべきか。その共通認識を見事に醸成することに成功したのです。

ジュリアーニ市長（当時）は語りました。我々は恐れていると。犠牲者の数は、想像したくない数にのぼるだろうと。それでも、ニューヨークには自由がある。人々はまたニューヨークにやってくる。ニューヨークは一丸となってテロに立ち向かう。

恐怖という共通認識を市民との間に醸成し、犠牲者が信じられない数にのぼる大惨劇であることをテロの当日に語りました。誰もが心のなかに潜めているものの、口に出したくなかったことをトップが代弁したのです。そのうえで、テロに立ち向かい、自由を守るパワーがニューヨークにはあると、鼓舞する形で締めくくったのです。

言葉が人間を人間たらしめている。動物と人間の最も大きな違いのひとつは、言葉を持っていることです。猿やイルカなども話すことができると言われていますが、人間ほど複雑な言葉を使いこなすことはできません。

古代、人間は石器を使い始めました。石器を使い始める前までは、人間は猿と同じく言葉というものを持たなかったと言われています。石器を使い始めることで、指先を器用に動かす必要が出てきて、そのために脳が発達しました。より高度な石器をつくり出そうとしたのです。その過程で脳細胞が複雑化していきました。

そして人間は言葉を使い始めました。最新の研究では、石器の発明が言葉を生んだと考えられています。

文字の発明は、さらにそのずっと後のこととなります。**人間のＤＮＡに最も訴えかけるツール――それは言葉なのかもしれません。**

第 4 章

リーダーシップをどう磨いていくのかを分かっていなかった

リーダーになる前に
知っておきたかったこと

20

リーダーの言葉は、読書を通じて磨きあげられていく。

本には、作者が血肉を削り、心血を注ぎ込んだ言葉が詰まっている。自分の脳髄に一文字でも多く刻み込むつもりで読むべき。

▼自分の人生観を根底から変えた言葉に出会ったことがあるか？

「最近読んだ本で面白かったものはありますか？　感想を聞かせてください」

そう問われたら、たいていの人は「面白かったよ」とか「期待していたことは書いていなかった」などと答えるでしょう。では、こう聞かれたらどうでしょうか？

「その本の中で印象に残った一文は何でしたか？」

この問いに答えられるのは、おそらく100人に2、3人ではないでしょうか。

人はいつも何気なく情報に触れています。そこから何かを必死になって削り取っていこうと思わない限りは、残念ながら、どんな名著も心に残りません。

かくいう私も高校2年の夏までろくに本を読んだことがありませんでした。

中学時代は毎年夏になると図書感想文という宿題が出されていました。自分で選んだ本を一冊読んで、その感想文を書くというものです。その3年間私が選んだものは芥川龍之介の「鼻」でした。その理由は至極簡単。ただ短かったからです（わずか10ページ程度）。とにもかくにも、読むという行為そのものが苦手でした。

転機は高校2年の頃、教科書に載っていた夏目漱石の『こころ』を読んだときのことです。教科書には当然一部しか掲載されていないため、どうしても続きが気になりました。幸運にも、家の本棚に『こころ』が並んでいたのです。授業で習ったその日の夜、勉強などはそっちのけで一気に読破しました。それまでろくに本を読んだことがない私という人間が初めて読んだ本が『こころ』だったのです。

あのときの衝撃は今でも忘れません。言葉というものを用いて、人間の心理、内面をここまで掘り下げることができるものなのかと。

この本の中で、今も私という人間の価値観の根底に突き刺さっている言葉があります。恋に悩んでいたKに対して先生が言い放った言葉です。

「精神的に向上心のないものは馬鹿だ」

Kは真宗寺に生まれた男性です。決して宗旨に従って生きてきたわけではありませんでしたが、男女間については禁欲をモットーとする精進の考えを持っていました。Kがもともとそういう考えを持っていることを百も承知の先生は、そう言い放ったのです。それはKの心のなかの虚ろいを悠々と眺めながら、Kが恋路に進まないように仕向けるための言葉でした。

私はその後何百という小説を読んできましたが、これほど心を揺さぶった一言は未だになく、今なお頭から離れません。


孔子曰く「**良薬、口に苦けれども、病に利あり。忠言、耳に逆へども、行ふに利あり**」。どんなにいい指摘も、聞き手の器が小さければ否定に聞こえるものです。指摘には未来があり、否定に未来はありません。受け手の器量次第で未来は変わります。私自身、大きな人間になりたいと常に思っています。

「ゴッドファーザー」のドン、ヴィト・コルレオーネは息子のマイケルに語りかけます。「**友を近くに置け、敵はもっと近くに置け**」。それこそが組織が生き延びるすべだと。

20、30代の頃、何十人、何百人のメンバーを率いるリーダーと会うたび、含蓄のある言葉をいただいてきました。それは、その時々に私が置かれた状況に対して、実に的確な言葉でした。彼ら彼女らにはどうしてそんな言葉が蓄積されているのか。どうして、私の問いに対して即座に答えが返ってくるのか。不思議でなりませんでした。

そこで私は気づいたのです。さまざまな情報をインプットしても、自分はそれをただ漫然と受け入れて聞き流してしまっていた、読み流してしまっていたことに。

読書は、リーダーの発言や行動をより強固なものに成長させてくれます。ただし、ただ読むだけでは、それは覚束ない。すばらしい本には、作者が血肉を削り、心血を注ぎ込んだ魂の言葉があります。そこから何を削り取っていくのか、そこから何を奪っていくのか。自分の脳髄に一文字でも多く刻み込むつもりで読まなければ、自分の血肉となってはいきません。

先人の優れた言葉や考えを自分の中に取り込もうと思ったら、決死の覚悟でそれをつかみにいく必要があります。本にはそうした覚悟を持って挑まねばなりません。

もちろんすべての本にそうした態度で臨む必要はありません。心をリフレッシュさせるための読書もあるでしょう。とはいえ、読書を通じて自分を成長させるには、それほどの覚悟がいります。

何より、読後にぱっと思い浮かぶ一文すらないなんて、あまりにも悲しい事態ではありませんか。せっかく何時間も費やして読んだのに、得られたことが漠然とした感想や考えだけでは悲しすぎます。

本を読み終えたら、印象に残った文章、心に刺さったパラグラフをすべて並べてみましょう。それを声に出して読み、得られたインスピレーションをもとに、新たに自らの考えを文章化してみましょう。

時間にして10分程度のこの作業をするかしないかで、読書を通じて自分の中に蓄積される知見の分厚さは、驚くほど変わっていきます。

「あの人はなぜあんなにいろいろなことまで知っているのだろう」

そう思える人が周りに何人かいるでしょう。そうした人たちは、無意識に（時には必死に努力して）こうした作業を繰り返しているのです。

リーダーとして人を動かしていくには、言葉が必要です。人の心を揺さぶる言葉を増やすにはどうしたらいいか。そのひとつの答えが読書なのです。

漫然と本を読むのではなく、そこに書かれているなかから、自分の未来にとって重要な言葉を削り取っていく。自分の心に刻み込む。そこまでの意気込みで挑むのです。そうでなければ、その言葉を近い将来使うときに、「自分の言葉」として相手に届けることはできません。

リーダーになる前に
知っておきたかったこと

21

日々新しい情報が大量に発信されていく今の時代。PDFとウィキペディアで世の中を鷲づかみにし、未来を先読みする。

五月雨式に関連づけながら、ウェブの情報を拾いあげていく。情報が氾濫する現代、自分流の情報との付き合い方を見つける必要がある。

▼未来を先読みする情報との付き合い方

ウェブが本格的に普及したのは1995年。グーグルの検索サービスが始まったのが1997年。ブロードバンド化によってあらゆる情報が蓄積され、閲覧され始めたのが2001年。ブログやSNS、動画投稿型サイトの出現によって、不特定多数の人々が情報を発信し始めたのが2004年。老若男女問わず、手元でネットが使える状態となったスマホの誕生が2008年、手軽なコミュニケーションを可能にしたチャットアプリの普及が始まったのが2011年、そして2019年現在、スマホを使っている人は全世界で20億人を超えました。10代から50代、60代まであらゆる人がウェブを情報の獲得と蓄積をするツールとして日常的に使いながら暮らしています。

ソーシャルメディアが流行りだした2005年から2010年頃、私は情報に翻弄されていました。フェイスブックで友達ネットワークを拡大することに努力し、ツイッターで数百人のタイムラインを読み漁り、RSS（Rich Site Summary）で日々のニュースを何百というサイトから吸い上げ、グーグルで関連するブログを検索し読み進める。どこまで行っても終わりがない。世の中で増えていく情報のほうが、自分が吸収する情報よりも圧倒的に多い。世界からどんどん取り残されていくのではないか。そんな恐怖感と戦っていました。

当時、経営コンサルタントとして働いていた私は、ある特定の分野のスペシャリストになりたいと思っていました。そのためには、ありとあらゆる情報を読み込み、吸収しないといけないという強迫観念を持っていました。そこで右記のように、日々とにかく網羅的に関連するあらゆることを深く読み込むことを続けていました。

読者の方のご想像どおり、それは瓦解しました。続きませんでした。続けることは苦痛でしかありませんでした。毎日情報公開される文字数は何文字あるのか。そんなことを私は考えました。新聞の朝刊は、毎日だいたい数十万文字。文庫本にして3、4冊。全国紙だけで5紙、地方紙やブロック紙は200を超えます。つまり新聞情報だけでも、文庫本にして毎日500冊分の文字数が新しく世の中に現れます。

ソーシャルメディアはどうかというと、仮に3000万人のユーザーがツイッターやインスタグラムなどに毎日100文字投稿したとすると、なんと30億文字が毎日ウェブ上に蓄積されることになります。文庫本にして数万冊から10万冊の分量です。しかもこれは、日本語だけでこの分量です。

私は考えました。どうやって世の中を把握し、さらにはそこから未来を先読みできるのかを。試行錯誤した結果、私は2つの型を見つけました。

ひとつは、「filetype:pdf」という手法です。いきなり記号のようなものを出しましたが、これは検索キーワードです。たとえば、興味ある分野があったとします。それがブロックチェーンである場合、検索キーワードを次のように入れます。

「filetype:pdf ブロックチェーン」

これによって検索結果に出てくるものは、ブロックチェーンというキーワードが入ったPDFファイルだけが出てきます。私は何も考えずに、その検索結果を数十から100個程度ダウンロードして、同じフォルダに入れます。そして、続いてそのフォルダに保存されたPDFファイルをすべて開き、ざっと斜め読みをするのです。

なぜ、PDFファイルだと思いますか？　今のウェブでは、ブログを手軽に公開でき、ソーシャルメディア上に写真でも動画でも手軽に投稿もでき、ニュースはウェブサイト上に公開され、さらには他のニュースメディアにも参照という形でコピーの記事が広まっていく。情報が溢れかえっているのです。

一方でPDFファイルは、そうした拡散された情報をファイルという形に落としていたり、または記事や資料としてまとまったものであったりします。つまり、日々公開されるウェブ上の情報から一手間加わった成果物である場合が多い。だからPDFファイルなのです。検索して得られたPDFをざっと流し読みすることで、その分野のトレンドを短期間に鷲づかみすることができます。

経営コンサルタント時代、私はこの手法を使ったルーチンワークをしていました。たとえば新聞社からブロックチェーンについて明日取材したいという依頼がきたとします。その連絡メッセージを受け取ったのは、クライアント先でのミーティング中でした。クライアント先から移動する際、会社のアシスタントに一言伝えます。「ブロックチェーンでいつものやつをお願いします」。

もう1件のクライアントとのミーティングを済ませてオフィスに戻ったときには、1冊のフォルダが私の机の上に置かれています。そうです。「filetype:pdf ブロックチェーン」の検索結果上位１００件を印刷して、パンチで穴を開けて綴じたフォルダです。私はそれを抱えて家路につきます。帰りの電車の中で斜め読みをしながら、気になったPDFはどんどん折り曲げていきます。翌朝会社に向かうとき、今度は昨晩折り曲げておいたPDF記事だけを読み込みます。

そうすることでキーワードに関連する世の中の動きを効率良く把握でき、取材にもスムーズに対応できます。そんなルーチンワークを週一回程度しているうちに、斜め読みのスピードも速くなりました。感覚としては斜め読みというより拾い読みです。

私にはもうひとつ型があります。これはかなり愚直な行動ですが、毎日毎日、日がな一日ずっとウィキペディアを読み続けていることです。

私の実家には大百科事典がありました。総カラーページで全巻25巻程度。小中学校の頃、読みふけっていたものです。当時、本や小説は全然手につきませんでしたが、未知の世界が広がっている百科事典には飛びついたのです。

事典のいいところは、目当ての情報を探り当てる過程で、否が応にも他の情報が目に入ってくることです。その過程で、予期していなかった嬉しい出会いがたびたび起こるのです。

ウィキペディアの日本語版には114万本もの記事が掲載されています（2019年4月現在）。ゴシップネタや時勢にのった最近の芸能ネタまで網羅しているわけだから、百科事典よりも情報の活用度としては重宝します。そして検索可能なのです。

私は時間があれば、スマホを立ち上げ、ずっとウィキペディアを読んでいます。どんな項目から始めてもいい。ひとつの項目を読み進める。そのページには、そこに現れるキーワードや人物について、リンクが数十あります。次はそのリンク先すべてを読んでいきます。遷移した先にもまたリンクが数十あります。また同様にすべてのリンク先を訪れます。永遠と続きます。ただひたすら、読み続けます。拾い読みします。リンクをひとつクリックすることは、私にとっては、ひとつ新しい世界に踏み込んでいる感覚です。そして、その過程で気になったキーワードが出てくれれば、それを、filetype:pdfするのです。

たとえば、2019年5月1日、日本は元号が令和に変わりました。元号というウィキペディアを見てみます。そこからの私の遷移は次のようになります。元号↓（最初の元号はなんだろうか↓）大化の改新↓（このクーデターで誰が殺されたのか

↓）蘇我入鹿↓（蘇我入鹿を題材にした小説ってないものか↓）井上靖『額田女王』↓（この小説の映画はないのかな、誰が出演しているだろう↓）岩下志麻↓（岩下志麻さんは日産のブルーバードのCMに昔出ていたのか、日産の経営はどうなるんだろう↓）日産ブルーバード……。

このような具合です。毎日このような具合に五月雨式に情報を関連づけ、時折PDFにして拾い読みを繰り返しています。毎日何十億文字の新しい情報が公開され、垂れ流されていくウェブに対する、これが私の対抗措置です。

リーダーになる前に
知っておきたかったこと

22

些細なことでもいい。
アウトプット志向で生きていく。

「小さな偉業を積み重ねることができる」。

それがウェブの大きな特性のひとつである。

▼ピッチャーゴロのようなアウトプットでいい

もっとアウトプット志向で生きてみてはどうだろうか。

「アウトプット」というと、どうも「よくできたもの」「すばらしいこと」「公開すべきこと」でなくてはならないと受け取られがちです。しかし、ここでいうアウトプットとは、その人の生きた足跡であり、痕跡です。どんなことだっていい。どんな些細なことだっていい。どんな幼稚なことだっていい。それをウェブ上のデジタル情報のアウトプットとして、どんどん保存してはどうでしょうか。

日本には今、ブログ（最近の流行はnoteやMediumなど）を開設している人が約1500万人います。ただ残念ながら、その中で毎日更新している人は200万人もいないでしょう。といっても、200万人は決して少ない数ではありません。一人平均1000文字を書いたとして、合計すると20億文字。本にして1万冊分はあります。

デジタルデータである限り、大げさに言えば、それは未来永劫参照され続けます。あなたが書いた文章をグーグルに代表されるさまざまな検索エンジンが探し出し、興味を持ちそうな人へと届けてくれる。

「僕が思っていることなんてわざわざ発信しなくても……」

そう思う必要はありません。どんどんアウトプットしましょう。ホームランはいらない。ヒットでなくてもいい。ピッチャーゴロのようなアウトプットでいいのです。シュートがゴールポストの脇を外れてもいい。ボールを蹴らないと何も始まりません。


ところで私はウィキペディアに書き込んだことがあります。２００７年8月に大阪の長居陸上競技場で開催された世界陸上選手権でのこと。男子１１０メートルハードル決勝の終了5秒後、中国の劉翔選手が12・95秒で優勝した情報を書き加えました。それは、日本のウィキペディア上、その情報に関する最初の書き込みでした。

その数十秒後、ブラウザの更新ボタンを押してみると、2位と3位の記録が他の誰かの手によって書き加えられていました。ここで私が成し遂げたことは、ある出来事について、世界で初めて言葉にしてウェブ上に保存したということになります。

ウェブ上に蓄積された情報は、大げさに表現すれば、全世界の人が参照可能です。文字数にして10文字程度の情報なのですが、紛れもなく私の行為は、それに関しては世界最速でした。私はある種の高揚感のようなものを感じました。今後、ウェブ上の記録は消えることなく何百年と蓄積・参照されています。私はその中の極めて小さい部分ではありますが、足跡を残すことができたのです。

ウェブは、全世界の人々から参照される可能性のある「些細な情報」を、手軽にすばやくアウトプットできる環境を提供しました。私のアイデンティティは残らないかもしれません。しかし、私が起こした行為は、デジタル情報として廃れることなく永遠にウェブ上に保存されます。そして、全世界の人々から参照され続ける可能性を秘めているのです。

「小さな偉業を積み重ねることができる」。それがウェブの大きな特性のひとつです。

リーダーとしての考えや日々の悩みをブログに綴ってもいいでしょう。メンバーに対して直接伝えることも重要ですが、ブログという一般公開メディアを通じて、間接的に自分の考えを伝えていくことにも効果はあります。

会社やプロジェクトの課題を公開という形で共有されることで、チームの結束が高まることもありますし、新たなメンバー参加や採用につながることもあります。**些細なことでも、アウトプットし続けることが重要なのです。**

リーダーになる前に
知っておきたかったこと

23

模倣でいい。
イノベーションはそこから始まる。

イノベーションは模倣から生まれる。そして、さまざまなものから着想したアイデアを、声に出して説明してみる。そうすれば、アイデアはさらにブラッシュアップされていく。

▼イノベーションは模倣から生まれる

　リーダーとしてプロジェクトを進めているとき、あるいはスタートアップとして起業しようとするとき、新たなアイデアをどうやって生み出したらよいでしょうか。あるいは社会変革のため、イノベーティブな事業を推進したい。誰もが考えることです。では、イノベーションはどこからやってくるのでしょう。始まりは、過去の模倣です。人の模倣でも、ウケウリでもいいのです。イノベーションは過去に存在するさまざまなアイデアを模倣し、組み合わせることから始まります。

　たとえば液晶テレビ。ブラウン管テレビが薄くなっただけです。液晶テレビを実現する技術は、ブラウン管とはまったく異なります。そこにイノベーションがありますが、その技術を活用してできた製品は、テレビやディスプレイが薄くなっただけです。ブラウン管のテレビは人類初の映像受像機です。そのアイデアは写真からきました。そして写真の始まりは、銀塩フィルムに焼きつけるというものでした。

フェイスブックは２００４年に始まりましたが、その当時にはすでに1億人以上のユーザーがいるMyspaceというソーシャルメディアがありました。また、２００７年にアイフォンが発売されたとき、世界中の人がその革新性に驚愕しましたが、アイフォンは実は、１９９７年にパイオニアが発売したＤＰ－２１２という液晶型携帯電話とそっくりでした（ぜひグーグルでＤＰ－２１２と検索してみてください）。

悪魔の実を食べることで特殊な能力を身につける海賊たちが活躍する漫画『ONE PIECE』は、全世界で4億部を発行するほどのヒット作ですが、これも過去からの模倣を取り入れることでイノベーションを生み出しています。たとえば炎や氷に変化するヒーローは、「アベンジャーズ」にも「X-MEN」などさまざまなアメリカンコミックに登場します。ＳＦ要素を前面に出すか、海賊要素かの違いです。

このように、私たちが普段目にする革新的な製品は必ず過去からの模倣です。模倣があってはいけないということはありません。むしろ、積極的に模倣し、そこにオリジナリティを加えていくのが最善の方法です。

▼思索と言語化をくり返す

模倣からイノベーションを生む過程において、それをさらにブラッシュアップする方法があります。**思索と発話（言葉にして話してみること）を繰り返す**のです。一見単純に見えますが、この思索と発話の繰り返しは非常に有効です。

言葉は不思議です。頭の中で日がな一日考えをめぐらせ、そして得られたアイデアを他人に言葉で説明しようとしたとき、その瞬間に決定的な欠落があることに気づいたりします。頭の中で思考している段階では完璧のように感じても、話し始めると、案外不完全だったりします。**言語化することで脳は瞬時に新たな局面に進むのです。**

青木淳さんは「建築って、おもしろそう。」(https://www.1101.com/architecture/)の中で話すことに対して面白いことをおっしゃっています。

「自分がなにかを思ったのならば、思った内容を、一回、言語化するべきですよね。『言語化した考えが正しいとすれば、こうなるのではないか』と、言葉におきかえた時点で、はじめて、仮説を築けるようになるから。」

模倣やウケウリだったとしても、何度もそれを語るうちに、自分がこれまで持っていた考えとミックスされるようになり、次第に自分なりの言葉に変わっていきます。そのとき、そのアイデアというものは過去のイノベーションに比べて一段レベルがあがっているはずです。無からいきなり切れ味の良いイノベーティブなアイデアを生み出すことはきわめて難しいもの。そんなことが可能なのは、一部の天才だけです。

何かもっとイノベーティブなアイデアを思いつきたい。そんなときは、過去のイノベーティブなアイデアを検索して、大量に眺めてみましょう。そこから、日がな一日思索する。そして出てきたアイデアを言葉に出してみる。また、過去の事例を眺めながら思索して、言葉に出してみる。人に話をしてみる。

それを繰り返していけば、自分のアイデアは自然とブラッシュアップされ、あるときイノベーションが宿るようになるでしょう。

リーダーになる前に
知っておきたかったこと

24

物事を考えるときには、360度あらゆる方向から捉えること。

その際に重要なのは、数字を意識すること。
台数やシェアなど、定量的に捉えていく習慣をつける。

▼数字を意識しながら、思考を進めていく

「人は原子に比べて、なぜこれほど大きくなければならないのか」

『生物と無生物のあいだ』（福岡伸一著、講談社）で紹介されていた問いかけです。これほど科学的な好奇心をくすぐる質問を見たのは久しぶりです。

原子がとてつもなく小さいことは、皆さんご存じでしょう。「人間は何個の原子からできているのか」。中学生の頃にそんな疑問を持ったことはありましたが、それを逆説的に捉えた冒頭の問いかけに、私は全脳細胞がざわめき立つ思いがしました。ちなみに人間はおおよそ10の28乗個の原子、60兆個の細胞から成り立っているそうです。

冒頭の問いに対する答えは福岡さんの書籍を参照いただくとして、物事を考えるにあたっては、360度あらゆる方向から情報を関連づけていくことが重要です。原子について考えるなら、「原子の大きさはどのくらいか」「原子とは世の中に何種類あるのか」「どの原子が地球上では最も多いのか」「人間は何個の原子から成り立っているのか」、そして、「なぜ人は原子に比べてこれほど大きいのだろうか」。

このようにさまざまな角度から眺めることです。右から眺めれば、左から。次は上からつぶさに観察する。その次は下から。中から見るのもいいでしょう。遠いところから目を細めて見るのも面白いかもしれません。

少し古い事例ですが、「360度あらゆる方向から情報を関連づける」ことについて見ていきます。

「2009年4月、楽天が保有しているTBS株をすべて売却することが発表された。放送と通信の融合を図ろうとする道のひとつが絶たれた格好だ」

こんなニュースが飛び込んできたとき、あなたは何を想像するでしょうか。私は頭の中で、次のように360度あらゆる方向からこの出来事を捉えます。

「放送といえば、テレビだ。日本でテレビはいったい何台存在するだろう。だいたい今コンセントにつながっているテレビで1億2000万台程度だといわれている」

「テレビといえば、プラズマテレビと液晶テレビが人気だ。今50インチのそうしたテレビはいくらだろうか。安いもので15万円、高いものだと40万円近い」

「通信といえば、パソコンだ。ではパソコンを使っている人は何人いるだろう。ブロードバンドに加入している世帯は2500万世帯くらいだ。1世帯で3人とすると、7500万人くらいだろうか」

「携帯電話でも、データ通信は可能だ。そういえば、携帯電話でもテレビ（ワンセグ）を見ることができる。ワンセグはどのくらいの人が見ているのだろう。調査結果によってまちまちだが、だいたい5割から6割の人が利用したことがあるそうだ」

「放送と通信の融合とは何だろう。テレビを見ながら、思いついたときに手元の携帯電話から商品を検索して、ネット通販で注文するといったことか。2008年には携帯電話上の通販で買い物された総額が1兆円くらいになったと推計されている」

「そういえば、最近のテレビにはネットにもつながるそうだ。パナソニックやソニーが参画しているacTVilaというサービスを使えば、テレビ画面でユーチューブが見られるほか、映画もダウンロードして見られるらしい。どのテレビでも見られるのか。

どうやら最新機種の上位機種でないと見られないようで、全体の1割程度らしい」

「では、1億2000万台のテレビすべてにそういう機能が搭載される日はいつになるだろう。テレビの買い換えは、短い人で5年に1台。長い人で10年に1台程度か。仮に6年とすれば、毎年2000万台のテレビが売れることになる。

これから売れるすべてのテレビにその機能が搭載されたとしても、最低6年かかる。また、寝室に置いているテレビはなかなか買い換えられない。高齢者しか住んでいない世帯はさらに買い換えないだろう。そうなると、10年後でも難しい。早くても15年後にようやくすべてのテレビがこうした機能を使えるようになるのだろう」

「そういえば、この間の国会答弁で、2011年に終了予定の地上波デジタル放送の対策が取りざたされていた。まだ50％のテレビが地上波デジタル放送に未対応らしい」

「ところで、最近NHKはビデオオンデマンドというサービスを始めたようだ。それでは月額1470円（税込み）で、NHKスペシャルなどの番組が見放題だ」

「NHKスペシャルは私も好きな番組のひとつだ。そんなテレビ番組がパソコンで見られるようになるとは、これも放送と通信の融合という気がする」

「そういうサービスはどのくらいの人が申し込むのだろう。私はまだ申し込んでいない。使いたいとは思うが。どうやら3ヶ月で5万人程度が申し込んだようだ」

「5万人の利用者というのは、多いのだろうか、少ないのだろうか。NHKスペシャルということで仮に限定するとどうだろう。ビジネスマンがターゲットか。だいたい30代から60代くらい。だいたい人口で6000万人。男性だけだと3000万人となる。5万人とは0・2％に満たない。まだ多いとは言えない段階だろうか」

こういったことを、ニュースを聞いて2、3分で思い浮かべていきます。

すべての思考において重要なのは、数字を意識して考えること。数字（特にアラビア数字）は全世界共通の言語であり、説得力があります。数字には魔力があるのです。発言の端々に数字が少し入り込むだけで、発言の重みはまったく変わってきます。

２０１９年現在、月額定額制のテレビ向けコンテンツ配信サービス（ネットフリックスなど）がこの通信と放送の融合を体現しています。映画１本の制作費が１００億円を超える作品もネットフリックス・オリジナル作品として制作される状況にまでなっています。２０１９年2月の第91回アカデミー賞では、映画館の作品ではなく、テレビ向けに配信されたネットフリックスの映画（「ROMA/ローマ」、アルフォンソ・キュアロン監督）が監督賞を受賞しました。

ネットフリックスはなぜ、それほど巨額の制作費を投じることができるのか。先ほどの楽天のケースを参考にして、ネットフリックスについても、３６０度あらゆる方向から見ることにぜひ挑戦してみてください。

このように、関連する物事を上下左右から、さらには大局的な視点と細部を見る視点で考えて、そこへ常に数字を入れ込んでいく。分からないことがあれば、その場でウェブに接続し、検索して調べればいい。たいていのことは発見できます。

物事を厳密に考えることも必要でしょう。たとえば、日本でコンセントにつながっているテレビが1億2000万台ではないかもしれない。厳密に調査しなければ、正しい答えは分かりません。それでも、あらゆる物事を厳密に捉えるより、思考をどんどん拡散させていくことこそが重要です。

コンセントに差し込まれたテレビの台数を知っている人はこの世に存在しません。日本の世帯数が5000万を超えることは事実です。日本にはホテルがおおよそ1万あるのも事実です。病院も1万ほどあります。そういうところには必ずテレビがあります。ということは、コンセントに差し込まれたテレビの数は1200万台であるわけはありません。もっと多いことは感覚で分かります。しかし、12億台はない。1人あたり10台となってしまうからです。

物事で重要なのはオーダー（規模感）をまずつかむことです。より厳密な答えが必要になれば、そのときに厳密に調べればいいのです。それよりもまず、思考を拡散させるほうが、はるかに面白い発想が思い浮かぶのではないでしょうか。

思いがけないニュースが飛び込んでくるたびに、360度あらゆる方向からその出来事を捉えようとしてみる。すべての思考において、なるべく定量的な要素をいれていく。そうして蓄積される知識は大きな財産になっていきます。

リーダーになる前に
知っておきたかったこと

25

成長が止まったと感じたら、
〝できることを非常にうまくやる〟。
それが最も重要なこと。

ある種の仕事は、定量評価しにくかったり、
進捗具合が見えにくかったりする。
だからといって成長が止まっているわけではない。

▼進み具合が分かりづらいなかにも、進化しているものはある

現在の仕事が非常につまらなく思える。よくいえば、できない仕事がなくなったように感じている。悪くいえば、やりたい仕事が会社にない。この会社にこのまま身を置いていていいのだろうか。この仕事にはいったい価値があるのだろうか。今自分は成長しているのだろうか……。

こんなことを考えて、悶々とした日々を送っているとしても、それはなにもあなただけではありません。すべての人に少なからずこうしたことを感じるタイミングが訪れます。

以前ジャズトロンボーニストのクリス・ウッシュボーンの演奏を聴く機会がありました。彼はニューヨークなどのジャズバーでパフォーマンスを提供するかたわら、コロンビア大学のアシスタントプロフェッサーとしてミクロネシアなどの島国やカリビアン諸島など世界中をめぐり、これまで人類がつくりだしてきたさまざまな楽器の研究を行っています。

ジャズには二度と同じパフォーマンスはないそうです。トロンボーン、トランペット、ピアノ、コントラバスなど各パフォーマーのその日のコンディションや気持ちによって、パフォーマンスは微妙に変化してくるのだとか。

私はクリスに質問をぶつけてみました。ジャズには二度と同じパフォーマンスがないことは理解できる。その微妙に変わりゆくパフォーマンスはすべてクリスの感性が追い求めた結果だろう。では、パフォーマンスや音などに対する嗜好は後天的なものか、それとも先天的なものなのか。身体が反応する音というものがDNAレベルで存在していて、クリスが日々探しているのはそういう音なのだろうか。もし、今日のパフォーマンスを生まれたばかりのころのクリスが聞けば、DNAレベルでそのパフォーマンスをすばらしいと思うだろうか、と。

クリスの答えはシンプルにYESでした。

「音楽はDNAに訴えかけると私は考えている。なぜなら、私は世界中の国々や島々をめぐって共通点をひとつ発見した。それは、どのような偏狭の島でも、どのように少数の民族でも、そこには必ず音楽があった。楽器があった。音があった。すべての民族は、おのおのがＤＮＡレベルで感じる音を追い求めた結果として、それぞれの民族で楽器を編み出したのではないか。そう思えてならない。だから私はステージに立つたびにいつも追い求めている。私のＤＮＡが反応する音を」

私も小さい頃、ピアノを少しばかりかじっていました。たいしてうまいわけでもないのに、練習する曲にはある種こだわりがありました。自分の感性が反応しないと弾く気にならなかったことを覚えています。

ジャズや音楽、さらには演劇などのパフォーマンスをファンに向かって提供するプロフェッショナルの場合、どうなれば成功といえるのでしょうか。見に来てくれた観客の数？　見に来てくれた観客の反応？　自分なりに納得できたパフォーマンス？それとも、自分のＤＮＡが反応したとき？

アーティストにとって、ある一定以上の多くの観客の前でパフォーマンスを見せるようになってからは、自分の成長度合いが分かりにくくなるのではないでしょうか。

本物の音楽は色褪せません。数百年を経ても人の心に響く旋律は存在します。ただこうした色褪せないものは、なかなかに定量評価しにくい。極めれば極めるほど、自分がどう進化したかが分かりづらくなります。こうしたプロフェッショナルの場合、**「できることを非常にうまくやる」**ことこそが真髄ではないでしょうか。

茶道を極めた千利休はこんなことを言っています。

「もしあなたが当たり前のことを当たり前にできるのなら、いつでもあなたの弟子になりましょう」

進み具合が分かりづらいなかにも、進化しているものはあります。成長が止まったから現在の心境にあるわけではなく、成長したからこそ、そうした変化が分かりづらい局面にまで達することができたと思うべきです。できる仕事をうまくやることには、大きな付加価値があるのです。

感情労働という言葉があります。肉体労働は、時間あたりの肉体運動を付加価値とするビジネスです。それに対して、感情労働とは、ある時間の間、ある感情にいることが付加価値となるビジネスがそれにあたります。

たとえば、コールセンターのオペレーターの仕事。コールセンターやお客様窓口にかかってくる電話の内容は、製品の使い方や営業時間の問い合わせばかりではありません。ただひたすらにクレームをつけて怒鳴りつける消費者も中にはいます。その場合に求められる感情労働は、そうしたクレーマーと化した消費者が落ち着くまでの聞き役であり、謝り役なのです。

看護師の仕事も感情労働にあたります。夜勤などもあるため、肉体感情労働と呼ぶべきかもしれません。入院患者のなかには、さほど緊急事態でもないのに、たびたびナースコールのボタンを押して看護師を呼びつける人もいます。対応が遅いと、この病院の方針はいったいどうなっているのかと医師を呼びつけるかもしれません。

これらの仕事の場合、そうした役回りでいることに非常に大きな価値があります。ある種自分の本来の人格と切り離して振る舞うことがあってもいいかもしれません。世界中の何者にも代替されることはない。そのとき、その場所にいることに非常に大きな意味があるのです。そのとき、その場所にいるからこそ、周りの人に喜びを与えることが可能となるのです。

営業成績受注額や製品販売台数といった定量的で分かりやすい指標で自らの成長度合いを測るのも、ひとつの方法です。受注額に対して生産性を高めて利益率を上げることにも大きな喜びはあります。そうした指標を追求するのも非常に良いことです。

ただし、成長というものは、必ずしもそうした分かりやすい指標を用いて測ることができるわけではありません。

そうしたときは、定量評価が不可能でも、進捗具合が見えにくいものでもいい。自らの個別固有な感性を拠りどころにすることで初めて成立するような特徴を仕事に見つけ出すことに注力してみることです。必ずあります。そして、それはそうやすやすとは色褪せることのない、あなたの特徴なのです。

できることを非常にうまくやる。そこには、紛れもなく大きな価値があるのです。

リーダーになる前に
知っておきたかったこと

26

根拠のない未来志向が
リーダーを強くする。

すべての人には未来を切り拓く力がある。
未来をより良くできる可能性を持っている。
そのことを信じて、前へと向かって生きていく。

▼根拠がなくて何がいけない

もう10年以上前、株式会社ヤッパの伊藤正裕社長（現・株式会社スタートトゥデイ取締役）の講演を聞いたことがあります。

伊藤さんは弱冠17歳で起業した逸材で、高校生社長として当時話題となり、私が講演を聴いたときでまだ23歳の若者でした。起業して6年、さまざまな修羅場を潜ってきたことが話の節々から感じられました。

そんな伊藤さんの語った「6つのリーダーシップ」が、私がこれまで40年生きてきて感じたことと限りなく近いため、ここで紹介してみたいと思います。

ひとつめは、**"Pressure makes Diamonds.（逆境は成長の糧）"**。私も好きな言葉のひとつです。伊藤さん曰く、自分を常に律することなどできる人はいない。逆境に立たなければ、何も生み出されることはないというのです。他に私が好きな言葉で、芸術家の岡本太郎さんの言葉があります。**「私は人生の岐路に立ったとき、いつも困難なほうの道を選んできた」**。

2つめは、**明確なビジョン、目的、そして敵を持つこと。**ただし、ここで重要なのはビジョンや目的の内容云々ではなく、「明確なもの」を持つこと、そしてそれを相互理解することにこそ意味があるのだそうです。これは私が第3章のスタートアップ編でまとめたことと共通しています。

3つめは、**パッション。**パッションを持ってとことん語り合うこと、時にいがみ合ってでも互いがぶつかり合うことが重要だと伊藤さんは言います。

特に創業期は、議論を戦わせることがたびたびあります。それは、やはりその事業に対してパッションがあり、本気で取り組んでいるからこそ譲れないものがあるわけです。メンバーを率いるリーダーとしては、パッションのない状態など考えられないでしょう。パッションなき者についていく人はいません。

4つめは、**常識にとらわれない吸引力。**このとき伊藤さんが面白いたとえをしていたのが印象に残っています。

たとえばソックス。毎朝ソックスをはくとき、足は新たな繊維質に触れます。足の細胞一つひとつが、それを感知しているはずです。にもかかわらず、数分後にはソックスをはいていることすら忘れてしまいます。

あるいはフランスの街並みを歩いて、石畳の道路や芸術作品のようなドアノブに感動したとします。そこで通りすがりのフランス人にその感動を伝えても、理解はしてもらえないでしょう。フランス人にとって、道路は当然石畳でできているものであり、ドアノブとは当然彫刻のような芸術作品のつくりなのです。

人は知らず知らずのうちに、常識という枠組みをつくってしまっています。無意識のうちに周りの95％の環境を、ある種の常識として、知覚しないようにしているのです。逆にそうしなければ、毎日を生きていくことは刺激が多すぎます。

ソックスをはいていることに朝から晩まで違和感を覚え続ければ、ろくに仕事に集中できません。あらゆることが刺激の連続となり、それでは赤ん坊と同じ状態です。

何事にも柔軟な吸引力をもって臨んでみましょう。そうすることで、物事の見えなかった側面に気づくことが可能となります。はいているソックスのことを一日一度思い出してみるのも面白いでしょう。ソックスとイノベーションは、実は隣り合っているのかもしれません。

5つめは、**勘**であり**運**であり**根**《こん》です。

運が良い人は、実は勘が良い。勘が良い人は、実は日ごろから根気良く、何事にも諦めずに挑戦し続けている。だから人から見ると勘が偶発的に働いたように見えます。人から見ると、その機会を運良くつかんだように見えるかもしれません。しかし、粘り強く、根気良く何事にも臨んでいたからこそ、その運はやってくるのです。

経営の神様、松下幸之助さんも同じことを言っておられます。採用面談で「自分には運がない」と言った人は、どれほど優秀でも採用しないというのは有名な話です。事業を進めていてピンチが訪れたとき、その機会をチャンスと思うか、運が悪いと思うか。それによって、第一歩が決定的に異なってきます。

最後の6つめは、**根拠のない自信**です。強いリーダーシップを発揮する人は、根拠のない自信や信念のようなもので人を引っ張っていきます。その根底には「終わるまで何も分からない」という思想があります。そして根拠がないから、その自信はそうそう崩れないいし、諦めることがないのです。

2005年に公開された映画「ALWAYS　三丁目の夕日」は、高度経済成長下の1958年の東京の下町を舞台にしています。東京タワーはまだ建造中、テレビも全自動洗濯機も、どの家にでもあるわけではない。車も持っていない人のほうが多い。でも、人々の目は輝き、未来には希望しかなかった。そんな時代を描いた映画です。21世紀には車が空を飛んでいると、当時の子どもたちは本気で信じていました。

その映画の一節で、脳天をかち割られるような心洗われる場面があります。堤真一さん演じるスズキオート社長の鈴木さんが、ボロボロの三輪オートを運転しながら、こう言うのです。

「東京タワーができたら、世界一の高さになるんだ！　俺はこのスズキオートをゆくゆくは、アジア、いや世界に展開するんだ。そうなる。その自信がある！」

ちなみにこのときスズキオートという会社は、古びて今にも崩れそうな木造2階建ての自宅兼事務所の1階で、車の修理を専門に請け負っている、とても小さな会社でした。社員は10代の女性が一人という状態です。

鈴木さんの言葉を一言で表すならば、「根拠のない未来志向」です。根拠がなくて何がいけない。ただただ、未来に希望を持って生きること。それこそが、リーダーが最も大事にするべきことなのです。

長渕剛さんの歌で“Captain of the Ship”という曲があります。生きるということを激烈に歌った13分にも及ぶ大作です。その歌の一節に次のような歌詞があります。

「明日からお前が舵を取れ」「生きる意味を探しに行こう」「馬鹿馬鹿しい幻に惑わされる事なく」「ただただ前へ突き進めばいい」「今すぐ　白い帆を高く上げ」

組織に属していると、そこに埋没してしまいそうになるときがあります。

「今、自分は本当の意味で舵を握っていることはあるだろうか」
「舵を握れと言われることを待っていたりはしないだろうか」

リーダーの背中を押してくれる人はいません。結果は後からついてきます。根拠がなくてもいいのです。未来志向で生きていくのです。

すべての人には未来を切り拓く力があります。未来をより良くできる可能性があるのです。私はその可能性に目がくらみます。

リーダーになる前に
知っておきたかったこと

27

アマチュアは考えていろ、
プロは動く。

自分が信じたものを立ち上げる。
そして、それを社会に広めようとする。
そのために、とにかく動くこと。
動きさえすれば、未来は変わる。

▼私が出会ってきた社会の変革者はすべて、行動する人だった

２００９年、33歳のとき、私は起業しようと息巻いていました。ＩＴスタートアップを立ち上げ、世の中を変えてみたい。ある種少年のような気持ちでいました。

当時、私が考えたアイデアはこのようなものでした。情報ポータルサイトで、そのユーザーが自分が進めたいプロジェクトを公開し、そのための資金を募る。数千円から数万円の投資額。投資額に応じて、プロジェクトに関連する物やプロダクトが得られる。投資をした人は、そのプロジェクトに関わることも可能。そんなアイデアでした。そのプロジェクトの名前は「ソーシャルインフィニティ」といいました。

当時、野村総合研究所にいた私は、周囲のコンサルタントや上司、そして、それまでで構築したネットワーク（主にコンサルティングサービスのクライアント）に事業アイデアをプレゼンしてまわりました。

ほとんどすべての人の感想や評価は同じようなものでした。

「なぜ、赤の他人が進めるプロジェクトにお金を払って支援しないといけないのか」

私はその起業をあきらめました。

その数年後、この事業アイデアはクラウドファンディングと呼ばれ、広く一般的に利用されるようになっていきました。

2010年、また私は新たな事業アイデアを思いつきました。ロンドンとユトレヒト（オランダの地方都市）で見つけたSeats2meetというビジネスをベースにしたアイデアでした。都内の遊休オフィススペースを改造し、スターバックスよりさらにおしゃれなカフェスペースをつくり、その隣には、プレゼンができるようなイベントスペースを設ける。起業家や大企業のプロフェッショナルを呼び込み、業種を超えた出会いを演出し、イノベーションを誘発するレンタルスペースというサービスです。

私はこのアイデアも何十人にもプレゼンしてまわりました。しかし、これもまた、ほとんどすべての人の感想や評価は同じようなものでした。

「他社の人と隣り合って仕事をしたり、アイデアをシェアしたり、守秘義務はどうするのか。知的財産はどうするのか。セキュリティはどうするのか」

私は再び、その起業をあきらめてしまいました。

その数年後、そうしたスペースはコワーキングスペースと呼ばれるようになり、今では三菱系、野村系、メーカー系などあらゆる大企業がそれを展開しています。

2012年、GREEで働いていた私は、GREEシンガポール立ち上げのため、シンガポールに移住しました。GREEに在籍した期間は2年もありませんでしたが、国内外で多種多様な起業家とめぐり合う機会がありました。上場した起業家、バイアウトした起業家、ファンドを立ち上げた起業家、エンジェル投資家として何十社も投資経験がある ベテラン。数人の会社を数年で50人から100人に拡大した起業家。資金難を何度もくぐり抜けながら、会社と事業をどうにか生き残らせている起業家。そうした起業家数百人と私は出会いました。

そうしたなかで考えました。事を成している人と自分の違いはいったい何なのか？

私が出会う、「凄い」と思える人と自分の違いは何なのか？

それは、たった一言で言い表すことができました。**「動いている」**ということです。

その事業が面白いと思うのなら、すぐに始めればいい。ただそれだけなのです。誰がなんと言おうと、そのサービスが社会に求められていると自分が思うのなら、始めればいい。ただそれだけなのです。

事業を推進するために、あの会社の社長に会いたい。そう思えば会いに行けばいい。

会えるだろうか、突然の訪問で迷惑がかからないか。そんなことは関係ない。その事業で社会をより良くできる自信があるなら、会いに行けばいいのです。社会を変革しようとしている人間が自分に会いに来た。それを迷惑と思う人はいません。

考えているだけでは何も生まれません。行動しないと何も変化はしないのです。考えているだけでは、たとえそれが100時間に及ぼうが、1000時間に及ぼうが、1時間の行動に負けるのです。

私が出会ってきた社会の変革者は、すべて、行動する人でした。考えていないわけではありません。脳がすりきれるくらい考え、そのうえで行動に移している人でした。

「アマチュアは考えていろ、プロは動く」

真に社会を変革していく、事業を大きくしていく、会社を再生させていく、そうしたリーダーと、私の違いはこの一言で言い表すことができました。この言葉に気づいて以降、私はとにかく動くことを徹底しました。2012年にシンガポールで起業して以降、思いついた事業のすべてで動きました。

多様な分野の人間を呼び寄せイノベーションイベントをプロデュースしてみたい。The CHAOS ASIAというイベントを開催しました。ECサイトでコツコツと物販・サービスを販売するモデルをしてみたい。Yourwifiというサービスをリリースしました。飲食店も経営してみたい。シンガポール企業とのJVという形で、北海道帯広の豚丼を扱う飲食店の立ち上げに関わりました。かつて考えたコワーキングスペースをアジアに創りたい。どうせならもっとイノベーティブな場所でということで、バリ島にそれを創りました。アジアでの事業立ち上げが一段落した頃、日本でも勝負したいと思い立ち、2016年、LastRootsという会社を立ち上げました。

動くのです。とにかく動くのです。一歩でも動きさえすれば、それは未来を変えることにつながります。どんどんと新しい人に会いに行くのです。これまで出会ったことのない人との出会いは、未来を変えます。新しいアイデアに出会えるからです。

私は見ず知らずの人でも、メールやフェイスブックやツイッターで突然アポを取りつけて会いに行きます。自分が進める社会変革に必要だと思えば、たとえ海外でも会いに行きます。会いに行くことで、新しい未来が始まります。見ず知らずの人にいきなりアポを取ることは勇気がいります。しかしそんな恥ずかしさなど、社会を変革しようとする前ではどうでもいい話です。

逆の立場でも同じです。私は『海外に飛び出す前に知っておきたかったこと』などの本を出版させていただいていることもあって、読者の方から会いたいという連絡をフェイスブックなどでいただきます。基本的に私はそのすべてに返答します。そして、そのほとんどの方と会います（東京まで会いに来ていただけたら）。その出会いは未来を変える可能性があるからです。

そして2019年現在、私は出会いが未来を変えることをコンセプトにしたブロックチェーン技術を使ったサービス「bajji（バッジ）」を展開しています。

この事業アイデアを何人かの起業家仲間に披露したところ、ピンとこない人、その意義を感じる人、一部の機能については絶対変えるべきだという人、さまざまな意見をいただきました。それでもいいのです。自分が信じたものを立ち上げる。そしてそれを社会に広めようとする。そのために、ただ動く。今日も、明日も、ただ動くのです。

長いあとがき

A Long postscript

リーダーとして生き抜くことで学んできた３つのこと

▼父として、リーダーとして

2012年の暮れ、シンガポールに住んでいたときに私は起業しました。37歳のときでした。日本ではなく、異国の地を起業の最初の地に選びました。その理由は、世界のどこでも通用する人間になりたかったから。だからあえて日本ではなく、異国での起業からスタートしました。異国でのサバイバルのほうが、短期間にどの国でも通用する人間になるためのスキルを身につけることができると思ったからです。

現在、私には3人の子がいます。一番上が10歳の女の子。そして8歳の長男と5歳の次男。私が起業したとき、次男はまだ生まれていませんでした。そんななか2人のメンバーと起業し、小さくともスタートアップの社長となりました。

実は、一番小さい5歳の次男には、身体障害と知的障害があります。彼はシンガポールで生まれました。彼が生まれたのは2013年10月1日。私が起業したのが2012年11月1日。起業の約1年後、彼と私は出会いました。これまでの私のリーダーとしての7年の軌跡を通じて得たことを、本書の総括に代えたいと思います。

この7年間。起業で悶え苦しむ中で学んだ以上のことを、彼から教わりました。これまで、私の子どもが障がい児であることは多く語ってきませんでした。隠したかったから、同情されるのが嫌だったから。その明確な理由は自分にも分かりません。

この7年間の私の起業の戦いと、彼の生きていく戦いを時系列でお伝えしたいと思います。ビジネスマンとして、起業家として、親として、父として、社会の住人として、そしてリーダーとして、皆さんに考えるきっかけをご提供できればと思います。

▼次男0歳、起業2年目（2013年10月から2014年9月）

私は野村総合研究所で経営コンサルタントとして9年働いた後、GREEに転職しました。そのとき35歳。GREEでは海外展開を主な役割としていました。

2012年初頭、GREEシンガポールの立ち上げとともに赴任。東南アジアとインドをメイン担当として、買収や事業アライアンスを手がけていました。その後2012年末に同地シンガポールで起業。最初の会社の名前はDiixi Pte. Ltd.といいました。

そこでは The CHAOS ASIA というイノベーションピッチイベントをプロデュースする事業を行っていました。世界中のイノベーターを集め、ネットワーク化し、インキュベーションを行い、最後はファンドを組成して、多くの起業家を世界に送り出す、そんな場所を目指していました。

2013年11月。次男が生まれて1ヶ月後、そのイベントを成功裏に終わらせることができました。参加者は国籍で32カ国、2日間で延べ約500人。登壇者は90人。人生のなかでも最も満足がいったアウトプットでした。

そのとき、次男と私のそれからの5年間の人生がこのようになっていくとは、微塵も想像できませんでした。

次男が0歳のとき。彼は5度の入退院を繰り返しました。病名は、結論からいうと不明。そして、今なお不明のままです。

最初の入院は2014年2月。そのとき私は、2社目（Yourwifi Pte. Ltd.）を創業し、サービスをローンチさせたばかりの頃でした。Yourwifi はECサイト。1週間の入院の間、病室からサイト改修やオーダーの対応に追われていました。そのときは、喘息、気管支が弱い、痰が絡まると自力で出すことができず、いつ呼吸困難になるか分からない、そんな症状でした。心配はしていたものの、徐々に改善していくだろうと思っていました。

２０１４年の春になる頃、熱性痙攣を起こすようになりました。体が弱く、たびたび熱が上がり、息が苦しくなる。38度か39度を超えると熱性痙攣を起こす傾向が高まりました。そのたびに、入院を繰り返す。そんな日々が数ヶ月続きました。入院をするたびに、何か様子がおかしい。ただの風邪でも、熱性痙攣でも、喘息でもない。呼吸障害？　何かがおかしい。入院のたび、数多くの検査を行いました。小さな体でMRIも何度もとりましたし、DNAも調べましたが、説明が専門的すぎ、しかも項目も多すぎて（１００項目以上はあった）、もはや私には何も分からない状態でした。

ただ分かったことは、原因不明であること。気管支を広げるために、日常的にネブライザーをしていました。

そんな２０１４年の春から夏にかけて、私は３つのことに取り組んでいました。Diixi として2回目の the CHAOS ASIA の開催。Yourwifi の事業拡大、そしてバリ島のコワーキングスペース WAVE を魂の友と立ち上げ。

Yourwifi の事業は当初の計画で約2000万円の投資が必要でした。事業パートナーとともに立ち上げる予定のその事業は、突如そのパートナーが出資を取りやめ、私自身がそのすべてを賄う必要が出てきました。予定外でした。しかし、そのときすでに半分近く投資し進めていた事業を途中で投げ出すわけにはいきません。なけなしの貯金から投資し、その事業にかける以外道はありませんでした。

The CHAOS ASIA は、イノベーションイベントとして前回成功したものの、まだまだ投資フェーズ。こちらも大きく費用がかさみました。

起業2年目の私は資金に困っていました。シンガポールは物価が高く、移住した当時は1シンガポールドル65円程度だったのが95円程度に高騰。家賃も高く、月50万円ほどしていました。

それまでの4度の入院費（合計で1ヶ月の入院）も非常に高く、通院費も合わせると数百万円以上はかかっていました。売上もままならない、海外起業家2年目にとって、これらの出費は正直、絶望的になるほど苦しいものでした。

そして2014年9月。ある日の深夜1時30分。「次男の様子がおかしい！」という妻の声で飛び起きました。急激な熱性痙攣でした。抱きかかえて見守ると最後の吐息をした、そんな様子に、大声で私は彼の名を叫びました。

夜中、タクシーに飛び乗り、次男を抱えて救急病棟の扉を蹴りあけました。そこには救急の長蛇の列。タクシーの中で彼は一度呼吸を取り戻してはいたものの、ここで待つのかと絶句しました。

そのとき、抱きかかえていた彼の様子が再び急変。痙攣し始めて意識不明な様子に。私は、ＩＣＵと赤いランプがついたドアをまた蹴りあけて叫びました。

“Help him, doctors please. He is just a 1- year-old boy and cannot breath…!”

2人の医師と3人の看護師がかけより、緊急処置を始めてくれました。

今回ばかりはダメかもしれない……。病院の廊下で私は立ち尽くしました。

しばらくして私は、ＩＣＵで24時間体制で医者と看護師がついて処置をするから、帰宅して入院の荷物を用意してくるようにと指示を受けました。

翌朝私はＩＣＵにいる彼のもとに行き、生き抜いてくれた彼の頭を撫でることができました。妻に彼を任せ、会計係に昨日の処置代を払いに行きました。目が点になる。小説では何度も出くわしているこの表現ですが、自分自身が本当にそうなるとは思いもよりませんでした。

そう、人は本当に目が点になるのです。一晩の治療費。150万円（1万8000シンガポールドル）。目が点になりながら、クレジットカードを差し出しました。

その1週間後、私は東京に飛び、The CHAOS ASIA Tokyoを渋谷で開催しました。入院している息子を残して飛ぶことには後ろ髪を引かれましたが、1週間後に迫るイベントのエグゼクティブプロデューサーとして欠席するわけにはいきませんでした。

この渋谷の会には250人が集まり、魂の友ともいえる3人の仲間とともに、大成功のイベントをプロデュースできました（赤字でしたが）。次男のためにも、全身全霊をかけて、鬼気迫る気持ちで臨んだ1日でした。

次男が0歳の1年間。5度の入院で、治療費は結局合計で1200万円ほど。一方、起業2年目の投資額は2000万円ほどにまで膨らみ、このとき、私はこれからどうなるのか。今白状すると、不安の2文字しか頭にはありませんでした。リーダーシップどころではありません。ただ、どうサバイバルしていくかだけを考えていました。

▼次男1歳、起業3年目（2014年10月から2015年9月）

たび重なる投資（と出費）から、私は事業を絞り込みました。いったん、Yourwifiにすべてを注ぎ込もう。そのために、1社目のDiixi時代の仲間と辛い別れがありました。

2015年2月にはクアラルンプールに引っ越しました。費用節約のためです。また、クアラルンプールのインターナショナルスクール（上の子2人向け）の予算も魅力でした。Yourwifiの事業は好転を始め、2年目の収益は3倍以上に拡大、利益を大きくもたらしてくれました。私は毎週クアラルンプールからシンガポールに通勤していました。

このとき、もうひとつ新しく手がけたのが、Butahageという北海道帯広の飲食店のシンガポール進出でした。6月にオープン。これはシンガポール企業大手とのJVの形をとりました。起業3年目にして事業は好転し、利益を生みだす状態に難なく持っていくことができてきました。

彼は前回の緊急入院から、だいぶ体は丈夫になりつつあるものの、何度か病院のお世話になりました。1月には一度救急車で運ばれ、4月には旅先のバリ島で救急で病院に運ばれるなど。ただ、様子としては、徐々に丈夫な体になってきたという印象を持っていました。

一方で、その頃気づき始めました。1歳半になっても、首が座らない。歩けない。言葉を発しない。背骨が弱く抱きかかえるとぐにゃっとなる。何かがおかしい。クアラルンプールの病院でも、何度も何度も検査が続きました。この子は障害があるのだろうか。それとも、発達がただ遅れているだけなのか。

シンガポールからクアラルンプール。通院回数は2年間で数十回、検査も10回はくだらない。それでもなお、原因は分からない。病名すらも分からない。悶々とした日々が続きました。

しかし、好転することも起こりました。クアラルンプールには、Conductive Education という手法による小児麻痺専門の療育施設 Smile and Step がありました。

この手法はハンガリーが起源で、そこでMs.Bogiに出会いました。

最初は失礼ながら私は懐疑的だったのですが、通い始めて3、4ヶ月たった頃、突然、彼がつかまり立ちを始めたのです。2歳半の頃でした。日本にはこの手法を取り入れた施設はない模様で、ぜひ日本にも広めたいものだと思いました。

▼次男2歳、起業4年目（2015年10月から2016年9月）

起業3年目で資金を再び蓄えた私は、次に何を仕掛けようか思案していました。そんな折、2015年の12月に、ヨーロッパの銀行系投資ファンドから400万ドルの投資オファーをYourwifiは受けました。

投資を受けるべきかどうか悩みました。次男を日本の病院に通院させてみたい。そんな思いも芽生えていました。また、海外で散々起業してきた経験を活かし、日本でも起業してみたいという思いもこみ上げていました。

投資を受ければ、シンガポールに永住覚悟が必要になる。Yourwifiを一緒に立ち上げてきたCOOの仲間が産休に入ることが分かりました。彼女が抜ければ、急成長を支えるのは難しい。日本ではブロックチェーンがホットになってきている。2013

年の第1回 The CHAOS ASIA のときに知り合ったアメリカ人の友人からビットコインのことを何度も聞かされ興味を持っていました（買ってはいませんでしたが）。次に勝負をかける事業は、世界を席巻するものにしたいと思っていました。ＡＩかブロックチェーンか。スケールアウトするネタで起業しようと決めていました。

次男の病院のこともあり、私は２０１６年の3月に日本に帰国することを決めました。

そこから香港にいた仲間に頼み込み Yourwifi 事業を継承してもらいました。香港からシンガポールに移住してくれた古川という仲間には感謝しかありません（後に Yourwifi は創業3年間の成長率１７２％を達成し、デロイト社が公表する Technology Fast 500 において、アジア全体で２７２位、シンガポール国内では3位の急成長企業としてランクインし、２０１８年バイアウトされます）。

２０１６年6月までの3ヶ月間で、アジアで展開していたすべての事業を整理し、日本で株式会社 LastRoots を創業しました。

このとき私は40歳。昔から、40歳からの10年間で、全世界を股にかけて勝負をするという決意で生きてきました。これからの10年間に向けて、日本から勝負をする。闘志をみなぎらせていました。6社目の創業でしたが、日本では初めての起業。これまでの経験を活かし、必ず社会変革を起こす。そんな気持ちでした。

そして、また悲劇が起きました。

2016年6月22日、家族を連れて日本にやってきました。私はLastRootsのために日本に移住、家族は一時帰国（家族の日本への帰国は2017年3月）のためでした。

私はLastRootsの立ち上げのため東京へ、家族は実家の奈良へ帰りました。その日の夜中の2時。また彼が意識不明の状態に陥ったのです。

奈良県立医大病院に運ばれた彼は、ICUに入りました。熱性痙攣？　今回の様子はまたこれまでとは違うものでした。それから2日間、意識不明となりました。

LastRootsは6月14日にプレスリリースを行い、今後の事業予定を公表。そして、7月20日にはICO（クラウドファンディング）実施予定で動いていたため、私は東京に張りついて事業を推進せねばならず、奈良の病院に向かうことができませんでした。その間、義母も病院に泊まり込み、どうにか対応してくれていました。LastRoots の立ち上げ時期、しかもおそらく日本初の仮想通貨での資金調達というＩＣＯの準備中。事業も、彼も、私は気が気ではない日々が続きました。ほとんど寝た記憶がない日々でした。

入院から2週間後、ようやく病院に会いに行けました。先生より診断結果を聞くこともできました。

病名は、痙攣重積型（二相性）急性脳症（二相脳症）と告げられました。70％の確率で身体障害、知能障害が残ると宣告されました。先生にはこれまでの2年半を語りました。これまでの2年半もこの病気だったのかと。先生は否定しました。その2年半の症状は、二相脳症とは違う病気で、その病名、原因は分からない。今回の二相脳症は、今回新たに発症したものだと。

2年半の闘病に加えて、ここにきて、また新たな病気に彼はかかったのか。私は目の前が真っ白になりました。２０１６年7月22日。後に6億円を調達することになったＩＣＯを実施（7月21日）した翌日のことでした。

「なんでこの子にここまで繰り返し不幸が襲うのか」

このとき私は自らの不運を呪いました。

入院は結局5週間に及びました。小児病棟は24時間付き添いが必要で、毎日誰か保護者が泊まり込む必要がありました。妻に加えて、多くの日に義母が泊まり込んでくれました。感謝の言葉もありません。私はただ起業にかまけていただけでした。だからこそ、失敗は許されない。日本初のICOということで、LastRootsとも私とも関係のない風評被害を受けていましたが、私はまったく意に介しませんでした。

先生は私と妻におっしゃいました。

「お二人はもう十分に病気と戦ってきています。これまでの病気が何かは分かりません。でも、分からないことを苦しまないでください。実は現代医学でも、病名が分かることのほうが難しいです。まだ病名の分からない病気が世の中にはあります。しかし、今回は二相脳症という病気です。次はこの病気と付き合っていく。そういう気持ちに切り替えて、一緒に立ち向かっていきましょう」

次男は8月半ばに退院することができました。この病気の前と後とで、少し彼の様子が変わりました。
入院前は、「あんなあんなあんな」という言葉だけは発することができたのですが、その言葉もなくなりました。つかまり立ちは継続して難なくできるようになりましたが、病気をしたからという深層意識なのかもしれませんが、以前よりつかまり立ちがうまくなくなった、そんな印象を持ってしまいました。

70%の確率で身体障害、知能障害が残る。

この子は一生、歩けないのかもしれない……
この子は一生、しゃべれないのかもしれない……

一方で、私はLastRootsの事業の推進に注力し、9月21日には金融庁と日本経済新聞社主催のフィンテック・サミットに出場しました。世界中から700社が応募したスタートアップのピッチイベントでした。運良く決勝まで残りました。英語でのプレゼンでした。
LastRootsはIBM BlueHub賞という名誉ある賞をいただき、翌日の日経新聞にはそれが報道されました。しかし、またLastRootsとも私ともまったく関係のない、詐欺案件と紐づけようとする風評被害に遭いました。それがネット上で大きく拡散され、ＩＢＭにも謝罪に行きました。出る杭は打たれる。日本の狭さを痛感しました。

そうしたなかで翌日の夜。妻から動画が送られてきました。次男が歩いたのです。3歳を目前にしてようやく……1歩、2歩、3歩と………。バランスを崩しながら、確かに歩いたのです。

東京の狭い部屋で夜、その動画を見た私は、ひとり嗚咽しました。声を張り上げて泣きました。40歳を超えてこんなに泣けるのか。自分でも驚きました。

不可能はない。0歳のときに5度の入退院。原因不明。100項目にわたる検査。それでも、分からない。ようやく丈夫になりかけたところで、新たな病気。二相脳症。70％の確率で身体障害、知能障害が残ると言われ、それから2ヶ月後に彼は歩いたのです。不可能はない。未来はどうなるか分からない。私は強くそう思いました。

▼次男3歳の1年、起業5年目（2016年10月から2017年9月）

2016年6月から2017年2月まで、私は、月～金は東京、土日はクアラルプールに帰る生活を送っていました。家族の日本への帰国日を2017年3月頭と決めました。さて、どこに家を構えるか。

2016年8月。退院後にクアラルンプールに帰国する前、東京にしばらく滞在しました。その間、山手線などの電車にベビーカーで乗り込むことは気持ちの良いものではありません。

3歳、4歳であることから、通常のものではなく、大きいタイプのバギーになります。そのため場所をとります。東京の電車の場合、混んでくると、バギーに向かって何度も舌打ちが飛んできます。1日街を歩けば、10回はくだりません。東京は小さい子どもを育てる親には非常に生きにくい街です。東京には住めない。東京に通えて、もっとゆったりできる場所はないか。そこで選んだのが、つくばでした。

土地が広い、自然が残る、道もゆったりとしている。それが決め手でした。病気から退院後、彼は順調に成長しました。言葉は話せないものの、歩ける歩数は徐々に多くなっていきました。

２０１７年３月。家族は６年ぶりに日本に帰国してきました。

その間、私はＩＣＯで宣言したサービスの開発に追われていました。資金は集まったものの人材が足りない。しかも、サービスローンチのリリース日は事前に公開しており、ＩＣＯから９ヶ月でブロックチェーン、ウォレット、動画配信プラットフォームアプリ、仮想通貨取引所、このすべてを開発し、リリースしなければなりません。

数多くの仲間に恵まれ、難なくそれが達成できました。今思い返せば、奇跡のような９ヶ月でした。いま同じことを９ヶ月でやれと言われても、できるかどうか自信がありません。それほど魂を込めて、事業と開発を推進していました。そのときの仲間、スタッフ、支援していただいた外部の多くの方々には、感謝しかありません。そのご支援がなければ、何も達成できなかった。

２０１７年９月末。法律が改正されたことから、LastRootsは、仮想通貨交換業の登録申請をし、それが受理されました。そのときには、それから、その仮想通貨交換業の登録が、とてつもなく遠く、重たいものになるとは予想だにしていませんでした。

▼次男4歳の1年、起業6年目（2017年10月から2018年9月）

彼は徐々に丈夫になってきました。走ることはできませんが、歩く能力はだいぶ向上してきました。よく食べるので背も伸び、体重も増えてきました。熱性痙攣をすることは、ほぼなくなりました。

排便・排尿のコントロールは苦手で、まだオムツは取れません。徐々に身体能力が上がってきて自分でオムツを脱ぐようになりましたが、自分でトイレに行くのはまだ難しい。毎日のように、いつのまにかオムツを自分で脱ぎ捨て、床におしっこや排便をすることもあります。まだ自分の排泄物が不潔なものだと認識できないのです。トイレの仕方を毎日教えていますが、自らオムツを取るのは、トイレに行く合図のつもりなのです。

夜中、よく起きます。昼間寝すぎたときなどは特にです。赤ちゃんであれば、起きればぐずるので、抱きかかえ、もう一度寝かしつけます。夜泣きです。

彼の場合は、赤ちゃんのようでありながら、自分で歩くことができます。夜中家の中を徘徊します。声を出しながら、歩き回り、無造作にオモチャなどを手に取り、投げるなどして遊びます。そのたびに目が覚めます。

翌朝起きたら、何かがどこかの場所に移動されてなくなっている。床にはまたおしっこが撒き散らされている。そんなことが日常です。

大きくなってくると、ベビーカーもチャイルドシートも、特別なもの（バギー、カーシート）が必要になってきました。また、足には、しっかり歩けるようにと、先生の診断により、補装具をつけることになりました。


日本での診断や、自治体への申請などによって、身体障害者手帳と療育手帳（知的障害のための）をいただきました。療育手帳には「A（重度）1」と書かれています。それによって、さまざまな福祉サービスを受けることが可能となります。

普通に元気に育ってほしい。たくさん食べ、さまざまな言葉は話せないけど、2、3の発音はできる。走ったりジャンプしたりはできないけれど、歩ける。彼もいずれは、普通の子のように。

療育手帳をいただくことは非常に有り難い。この国の制度に感謝するものですが、一方で、そういう手帳をもらうことはある種確定宣告のようでもあり、やはり複雑な気持ちです。

さきに述べたバギーは、こちらは先生の診断をいただき、特別なものを使えることになりました。その購入にも国・自治体の補助が出ます。

しかしながら、筑波大学附属病院の先生の診断書を添えて申請したにもかかわらず、車に乗せるカーシート（特注品）については認可が降りませんでした。診断の結果が必要だからと診断書を添えて申請したのに、です。認可が降りないという通知が届くまで数ヶ月かかりました。そこで私は、認可が降りない理由書を出してほしいとつくば市役所、茨城県庁に掛け合いましたが、情報開示請求が必要だ、そのためには、1ヶ月以内の戸籍謄本が必要というのです。なぜ、自らの子どものために申請した器具の認可の理由書を見るのに、1ヶ月以内の戸籍謄本が必要なのか。理解に苦しみました。

伺った内容としては、身体障がい者向けの特殊なカーシートのため、身体障がいの観点では必要性が認められないというものでした。その間も、子どもの安全のために、メーカーのご厚意でそのカーシートを貸し出していただき、使っていました。身体障がい手帳があり、重度1の認定をされ、筑波大学附属病院の専門の医師による診断書があるにもかかわらず、医者でもないつくば市の職員の担当者の目視による現場現場の判断で、それが通っていかない。

つくば市はグローバル化基本方針として、「世界が集い、世界に羽ばたくまちの創造」を掲げていますが、福祉行政においては、日本の中でさえも後塵を拝していると言わざるを得ません。息子のためにつくば市に居を構える決意をしたのですが、日本の未来を支える子どもたちのために、まずは福祉行政の見直しが図られることを願うばかりです。その他の面では充実した行政ではあるものの、まだ改善の余地は大きいのではないかと思いました。


LastRootsは、仮想通貨業界の中心で激動の只中にいました。２０１７年後半より、バブルによる高騰。２０１８年1月15日には、ビットコインはじめ価値が高騰、つられるようにc0ban（LastRootsで生みだし、その後ブロックチェーンとなった仮想通貨）も高騰し、一時は時価総額が３５０億円を超えるまでに上昇しました。c0banが生まれてからわずか13ヶ月後のことでした。

しかし、２０１８年1月26日のコインチェック社におけるＮＥＭ流出事件以降、事態は急変します。規制強化され、ビットコインやc0banをはじめとするすべての仮想通貨の価値が3分の1にも、10分の1にも急落し、LastRootsは4月には業務改善命令をいただきました。２０１８年はずっと業務改善、体制整備、経営管理態勢の強化を続けてきました。そのための投資は数億円にもかさみました。

仮想通貨交換業としての登録はまだ道半ば。近づいては離れ、離れては、懸命に近づこうとする。

そんななか、２０１８年9月に、再び流出事件が発生しました。着実にLastRootsは進化し、改善されてきているものの、コントロールが効かない外部環境に翻弄される日々が続きました。8月にＳＢＩグループより第三者割当増資によって、経営支援をいただいた直後、ようやく登録にたどり着く、あと少し、そう思わずにはいられないタイミングでした。

そこからc0banの価値も落ちていき、ピーク時の7分の1（下落など）。この10ヶ月で失われたc0banの価値は約３００億円になりました（仮想通貨全体では１００兆円程度）。

一方、次男は、推定3センチくらいですが、ジャンプができました。音楽に合わせて、兄や姉のそばで踊ることもできるようになってきました。

▼次男5歳の1年、起業7年目（2018年10月から2019年9月）

10月1日。彼は5歳になりました。まだ彼はしゃべることができません。私の言葉も、ニュアンスや少しの言葉しか理解できません。歩くことはできますが、走ることはできません。じっとしていることが苦手で、集団で活動することが苦手です。

10月13日。幼稚園で運動会がありました。私にとって、彼が同世代の子どもたちおと歩くのを見たのは、これが初めてでした。運動場右脇のゲートから入場してきました。

あの次男が、同世代の子どもたちと一緒に歩いて入場できるのか？　入場して、運動場の真ん中で整列して、園長先生の話を聞くことなどできるのか？　あの次男が。

普通の子どもにとってはただ歩くだけのことかもしれません。整列して、気をつけをするだけのことかもしれません。しかし、彼にとってそれは大きな挑戦なのです。

私は運動場の隅からそれを見守っていました。なぜかとめどなく涙が流れ落ちました。同世代の子どもたちに混じって歩いていく彼の姿を見るだけで。ただただ、涙が流れ落ちました。

これまでの5年間、私は起業する中でいくつも会社をつくってきました。どうにか成功したものの、失敗したものもありました。

家は留守にしがちでした。私がわがままに起業して仕事ができたのも、家で妻が3人の子どもを育ててきてくれたからです。子どもをひとり育てることは、会社をひとつ大きくするよりも倍は難しい。妻は3人（会社6社分！）を育てることに奮闘してくれている。そのおかげで、私はいま働くことができている。

働くための時間があることは幸せです。その時間をくれていることに、感謝しかありません。こんな次男と出会えた私は、幸運でしかありません。

2018年の秋から年末にかけて、仮想通貨市場はさらに冷え込みました。LastRoots は仮想通貨交換業が登録されることを見越して、人員の拡大にアクセルを踏んだ後でした。ピークで60名を超える会社となっていました。創業からわずか2年と数ヶ月でした。

価格がピークの10分の1にもなり、取引量も縮小しました。新規会員も増えていきません。会社は資金的にピンチを迎えました。このままでは倒産する。私は資本増強のためのパートナーを探し始めました。2019年1月、日本最大級のQ&Aサイトを運営するオウケイウェイヴ社をパートナーと定めました。同年4月、LastRootsを同社の連結子会社にしました。

仮想通貨交換業という業種は、最も新しいタイプの金融サービスです。創業した2016年にはまだその制度が整っておらず、技術の発展が先に走り、金融機関としての制度設計は後追いの状態でした。その間に2つの流出事件が起き、結果として、仮想通貨交換業という業種は、銀行と証券会社を2つ同時に立ち上げるほどの高いハードルへと変容しました。

LastRootsの仮想通貨交換業への登録への目処がついたタイミングで、私は同社の代表取締役を退任する決意を持っていました。この会社は、金融機関として一人前になっていく必要があります。テック系人材である私は、それを担う役目ではないと考えていました。

LastRootsはオウケイウェイヴ社の子会社として第2幕をスタートし、仮想通貨交換業者としてサービスを展開しています。

この6年間、シンガポールでの起業を手始めに、アジアで5社、日本で2社を創業してきました。失敗した会社もありました。運良くバイアウトできた会社もありました。日本で創業したLastRootsは、最終的に10億円以上の資金調達を成し遂げることができましたが、金融機関として自走していくために、上場企業の連結子会社という道を選びました。その間、次男に何度となく勇気をもらいました。障がい児である次男とともに、リーダーとして、起業家として学んできたことが3つあります。本書の最後に、それをお伝えして、あとがきに代えたいと思います。

リーダーになる前に
知っておきたかったこと

28

未来は何が起こるか分からない。
だから、今に全力を尽くす。
今を全力で生きる。

失敗を恐れて歩みを止める必要はない。
突き進んでいるかぎり、道は必ず拓ける。
リーダーに立ち止まっている時間はない。

▼もうダメだと思われるピンチにも終わりがくる

自分の未来も、会社の明日も、子どもの将来も、どうなるかは分からない。良いことも、そうでないことも、起こり得ます。だから今しかない。今を生きるしかないのです。今を全力で生きてさえいれば、将来必ず道は拓けます。

物事は波と同じです。寄せては引いていきます。最悪の事態にも必ず終わりがきます。同じように好調もやがては終わります。良し悪しに一喜一憂する必要はありません。ただ、いまを全力で生きるのです。生き抜きさえすれば、未来は変わります。

リーダーとして事業を推進しているとき、本書で述べたように問題は次から次へと起きていきます。あなたが無能だからではありません。問題は常に起き続けます。要の人材が辞めてしまう。大企業が競合サービスを立ち上げてくる。想像できない問題が、毎月のように起き続けるでしょう。しかし、それにも終わりはきます。もうダメだと思われるピンチにも終わりがきます。それに始まりがあるのと同じように。

リーダーとしてプロジェクトを進めている。会社を経営している。その未来に何が起こるかは分かりません。しかし、それに恐怖し、歩みを止める必要はありません。何が起こったとしても、それには終わりがくるし、どのような状況に陥ろうとも、次の始まりがあります。

だから、今に全力を尽くすのです。今を全力で生きるのです。突き進んでいるかぎり、必ず道が拓けます。新たな道が見えてきます。**リーダーには、立ち止まっている時間はないのです。**

リーダーになる前に
知っておきたかったこと

29

不可能はない。
今できないことが、
突如できるようになる。

「できない」「難しい」と思ってはいけない。
思ったことは現実になっていくから。
可能であると思うからこそ、
それが実現できる可能性が出てくる。

▼不可能という言葉は、未来の可能性に蓋をする

「不可能はない」。それは、とても大それた言葉かもしれません。しかし、「これはできない」「あれは難しい」そういう常識は捨て去るべきです。それは自ら未来の可能性を狭める行為となります。

さきにお伝えしたように、生まれたときから体が弱かった次男が、さらに新たな脳の病気になったそのわずか2ヶ月後に歩くことができるようになるのです。病気にかかることも、歩けるようになることも、誰も予期できはしません。

シンガポールに住んでいた中から日本に帰国し、新しい分野で新しく会社を始めました。ブロックチェーンという、インターネットの次の革命といわれている技術です。それの応用が仮想通貨でした。世界中の人が、その技術の正体を分かりかねている最中、仮想通貨のバブルが起きました。そして、それは流出事件とともに一気に冷え込みました。

私が手がけた事業も、飛び込んだわずか1年後に100億円を超える価値にまで拡

大したのです。不可能なことはない。そう感じました。

しかしその後、一気に10分の1にまで縮小することになるわけで、まさに「未来は分からない」ということも同時に感じることになります。

リーダーとしてプロジェクトを進めているとき、会社を経営しているとき、この事業の拡大はもうできないと思ってはいけません。あなたが思ったことは、現実になっていきます。この事業の拡大、会社の成長は不可能ではないと強く思うのです。たとえば、3年で事業を10倍にすることは可能だと思うのです。不可能だと思うことは、実現できません。可能だと思うからこそ、最後にそれが実現できる可能性が残るのです。

率いているチームが力不足のときもあるでしょう。力不足であるがゆえにできないという思考は危険です。今、力不足なだけです。今、それをすぐに実現できないだけです。未来は分かりません。来月にはできるようになる。そういうことも起きます。それは不可能ではありません。不可能と思った瞬間、すべてが止まってしまいます。**リーダーは、不可能という思考を持つことで、未来の可能性に蓋をしてはいけないのです。**不可能はありません。来月、突如できるようになることもあるのです。一縷の可能性を信じて、ただ突き進むのです。

リーダーになる前に
知っておきたかったこと

30

当たり前のことが有り難い。

挑戦したいことがある。
挑戦できる時間がある。
一緒に走ってくれる仲間がいる。
そのことが、ただただ有り難い。

▼挑戦したいことに挑戦できている。そのことが有り難い

歩くこと。走ること。学ぶこと。笑うこと。食べること。健康であること。そのすべてが有り難い。当たり前のことが、当たり前にあること。それがなんとも有り難い。仲間がいること。友がいること。社員がいること。働いてくれること。頑張ってくれること。そのすべてが有り難い。当たり前のことを、当たり前にしてくれること。それがなんとも有り難い。

未来は何が起こるか分からない。そして不可能もない。夢に向かって生きる。そんな当たり前のことに挑戦できていることが有り難い。

社会人になって、今年で17年が経ちました。これまで2社に勤め、自ら創業した会社が7社となりました。リーダーとしてまだまだ未熟ななか、それでも未来に向かって走っています。そんな私についてきてくれた仲間、メンバーが数多くいます。彼ら彼女らから、いつもリーダーとはどうあるべきか、それを学ぶ機会をいただいています。

自ら手がける事業で社会をより良くする。社会変革を実現する。内側からほとばしるパッションで、リーダーとして私は突き進みます。それが、新しい技術や分野である場合、それはある側面では、いかがわしく見えることもあるかもしれません。理解できないものだからです。人は理解できないものを怪しみます。

しかし、そんなことを意に介す必要はありません。リーダーとして目指すことは、その事業を推進することであり、社会を変えることです。まだ誰も想像できない、より良い、より安全で、より楽しい社会を創造することなのです。

読者のあなたや私が日々推進している事業・会社によってたとえ1ミリでも世界が進むのなら、それには大きな意義があるのです。私は2019年4月に前の会社の社長を退任してすぐ、ブロックチェーンのスタートアップ、株式会社bajiを立ち上げました。私にとって7社目の創業となります。ブロックチェーンは革命と呼ばれています。本屋に行けば、その言葉が踊っています。ならば、その只中に飛び込まない選択肢は私にはありません。

今から20年前、１９９５年頃も革命といわれていました。インターネット革命です。当時私は大学生で呑気にバックパッカーとして世界を旅することに明け暮れていました。Windows95が出てきたことも、Yahoo!が出てきたことも、携帯電話を持ち始めたことも、「ただ便利になってきたな」程度でしか、この社会の変革を感じることはできませんでした。革命がやってくる。その只中に飛び込むという、当たり前のことができませんでした。

そこから20年で、まさに世界は変革されました。ほんの10社程度の会社が、世界を変えてしまいました。私はその革命の只中に20年生きてきたにもかかわらず、その中心にはいませんでした。**それが今、私は悔しい。ただただ悔しい。**

私は前の会社をある種イグジットし、今は社長を退任したばかりです。それなのになぜすぐに新たにブロックチェーン革命の会社を立ち上げるのか。なぜ早急に動くのか。革命の脈動が、地響きをあげて私を襲っているからです。ここには、社会を変革する何かがある。確実に。だからは私はまた動きます。

してみたいと思うことがある。そして、それをしてみようとする。それは当たり前のことです。

挑戦したいことがある。そのために新たに会社を立ち上げる。そこに今、仲間が集ってきています。創業初期から、一緒に突っ走ってくれる。そんな仲間がいる。それが当たり前のようにあることが有り難い。そして、この会社を大きくし、社会を変革しようと動けば動くほど、日々問題にぶち当たると思います。問題は、当たり前のように次から次へと起きてくると思います。仲間と一丸となって、それを乗り越えていく。**自分たちの力で、世界をたとえ一歩でもいいから、前に推し進めていくことができるのであれば、その挑戦には意義があるのです。**挑戦したいことに、挑戦できる時間がある。それが当たり前のように目の前にあることが、有り難い。

明日からまた私は、リーダーとして、この当たり前の挑戦を続けます。

当たり前のことができること。それがなんとも有り難い。

参考文献

・梅田望夫、茂木健一郎『フューチャリスト宣言』筑摩書房、2007年
・梅田望夫『ウェブ時代をゆく』筑摩書房、2007年
・梅田望夫、平野啓一郎『ウェブ人間論』新潮社、2006年
・デール・カーネギー、山口博（訳）『人を動かす』創元社、1999年
・茂木健一郎『脳と仮想』新潮社、2004年
・アルビン・トフラー、ハイジ・トフラー、山岡洋一（訳）『富の未来』講談社、2006年
・ドン・タプスコット、アンソニー・D・ウィリアムズ、井口耕二（訳）『ウィキノミクス』日経BP社、2007年
・ジェームズ・スロウィッキー、小髙尚子『「みんなの意見」は案外正しい』角川書店、2006年
・友野典男『行動経済学　経済は「感情」で動いている』光文社、2006年
・茂木健一郎『欲望する脳』集英社、2007年
・冨山和彦『会社は頭から腐る―あなたの会社のよりよい未来のために「再生の修羅場からの提言」』ダイヤモンド社、2007年
・冨山和彦『指一本の執念が勝負を決める』ファーストプレス、2007年
・冨山和彦、松本大『この国を作り変えよう 日本を再生させる10の提言』講談社、2008年
・「社長、曰く。」編纂委員会『社長、曰く』幻冬舎メディアコンサルティング、2009年
・William Duggan, "Strategic Intuition" Columbia Business School, 2007
・Peter M. Senge, "The Fifth Discipline: The Art & Practice of the Learning Organization" Doubleday Business, 2006
・トーマス・フリードマン（著），伏見威蕃（訳）『フラット化する世界（上）[増補改訂版]』日本経済新聞出版社、2008年
・トーマス・フリードマン（著），伏見威蕃（訳）『フラット化する世界（下）[増補改訂版]』日本経済新聞出版社、2008年
・『もうひとつのノーベル平和賞―平和を紡ぐ1000人の女性たち』金曜日、2008年
・齋藤孝『代表的日本人』筑摩書房、2008年
・齋藤孝、梅田望夫『私塾のすすめ―ここから創造が生まれる』筑摩書房、2008年
・甲野善紀、茂木健一郎『響きあう脳と身体』バジリコ、2008年
・西浦裕二『経営の構想力』東洋経済新報社、2004年
・小島眞『インドのソフトウェア産業―高収益復活をもたらす戦略的ITパートナー』東洋経済新報社、2004年
・イアン・エアーズ（著），山形浩生（訳）『その数学が戦略を決める』文藝春秋、2007年
・ジョン・P・コッター（著），梅津祐良（訳）『企業変革力』日経BP社、2002年
・ジョン・P・コッター（著），ホルガー・ラスゲバー（著），野村辰寿（絵），藤原和博（訳）『カモメになったペンギン』ダイヤモンド社、2007年

・マーク・J.ペン（著），E.キニー・ザレスン（著），Mark J.Penn（原著），E.Kinney Zalesne（原著），三浦展（監修），吉田晋治（訳）『マイクロトレンド―世の中を動かす1%の人びと』日本放送出版協会、2008年
・茂木健一郎『思考の補助線』筑摩書房、2008年
・山岸俊男『社会的ジレンマのしくみ―「自分1人ぐらいの心理」の招くもの』サイエンス社、1990年
・橋元淳一郎『時間はどこで生まれるのか』集英社、2006年
・齋藤孝『日本を教育した人々』筑摩書房、2007年
・福岡伸一『生物と無生物のあいだ』講談社、2007年
・イーヴァル・エクランド（著）、南條郁子（訳）『偶然とは何か』創元社、2006年
・今村英明『法人営業「力」を鍛える』東洋経済新報社、2005年
・野田稔『組織論再入門―戦略実現に向けた人と組織のデザイン』ダイヤモンド社、2005年
・小林正観『宇宙を味方にする方程式』致知出版社、2006年
・ダニエル・ピンク（著）、大前研一（訳）『ハイ・コンセプト「新しいこと」を考え出す人の時代』三笠書房、2006年
・藤原正彦『国家の品格』新潮社、2005年
・日本放送協会「NHKスペシャル　人事も経理も中国へ」2007年9月3日放送
・日本放送協会「NHKスペシャル　インドの衝撃　第1回わき上がる頭脳パワー」2007年1月28日放送
・日本放送協会「沸騰都市　第7回シンガポール　世界の頭脳を呼び寄せろ」2009年2月15日放送
・ロン・ハワード（監督）、トム・ハンクス（主演）ほか「アポロ13」ユニバーサル映画配給、1995年公開
・マイク・ニコルズ（監督）、ハリソン・フォード（主演）ほか「ワーキング・ガール」20世紀フォックス配給、1989年公開（日本）
・Columbia Accident Investigation Board Report Volume 1 August 2003 p.128、http://caib.nasa.gov/news/report/pdf/vol1/chapters/chapter6.pdf
・http://www.washingtonpost.com/wp-srv/nation/specials/attacked/transcripts/giulianitext_100101.html
・青木淳『建築って、おもしろそう（https://www.1101.com/architecture/）』
・吉川英治『新書太閤記』（全巻）講談社、2012年
・司馬遼太郎『竜馬がゆく』（全巻）文春文庫、1998年
・ピーター・ゴドフリー=スミス（著），夏目大（訳）『タコの心身問題――頭足類から考える意識の起源』みすず書房、2018年
・『夢をつかむイチロー262のメッセージ』編集委員会『イチロー262のメッセージ』ぴあ、2005年
・井上篤夫『志高く 孫正義正伝 新版』実業之日本社文庫、2015年
・長渕剛「Captain of the Ship」東芝EMI、1993年

リーダーになる前に知っておきたかったこと

30 Things I wish I knew before becoming a Leader

発行日　2019年　7月30日　第1刷

Author　小林慎和

Illustrator　あずみ虫

Book Designer　新井大輔

Publication　株式会社ディスカヴァー・トゥエンティワン
〒102-0093　東京都千代田区平河町2-16-1
平河町森タワー11F
TEL　03-3237-8321（代表）　FAX　03-3237-8323
http://www.d21.co.jp

Publisher　干場弓子

Editor　千葉正幸　安永姫菜

Marketing Group
Staff　清水達也　飯田智樹　佐藤昌幸　谷口奈緒美
蛯原昇　安永智洋　古矢薫　鍋田匠伴
佐竹祐哉　梅本翔太　榊原僚　廣内悠理
橋本莉奈　川島理　庄司知世　小木曽礼丈
越野志絵良　佐々木玲奈　高橋雛乃　佐藤淳基
志摩晃司　井上竜之介　小山怜那　斎藤悠人
三角真穂　宮田有利子

Productive Group
Staff　藤田浩芳　原典宏　林秀樹　三谷祐一
大山聡子　大竹朝子　堀部直人　林拓馬
松石悠　木下智尋　渡辺基志　谷中卓

Digital Group
Staff　伊東佑真　岡本典子　三輪真也　西川なつか
高良彰子　牧野類　倉田華　伊藤光太郎
阿奈美佳　早水真吾　榎本貴子　中澤泰宏

Global & Public Relations Group
Staff　郭迪　田中亜紀　杉田彰子　奥田千晶
連苑如　施華琴

Operations & Accounting Group
Staff　小関勝則　松原史与志　山中麻吏　小田孝文
福永友紀　井筒浩　小田木もも　池田望
福田章平　石光まゆ子

Assistant Staff　俵敬子　町田加奈子　丸山香織　井澤徳子
藤井多穂子　藤井かおり　葛目美枝子　伊藤香
鈴木洋子　石橋佐知子　伊藤由美　畑野衣見
宮崎陽子　並木楓　倉次みのり

Proofreader　文字工房燦光

DTP　アーティザンカンパニー株式会社

Printing　株式会社厚徳社

ISBN978-4-7993-2537-7